U0936551

珍藏本·增订本
纪念版

汉译世界学术名著丛书

法的一般理论与马克思主义

〔苏联〕帕舒卡尼斯　著

姚远　丁文慧　译

商務印書館
SINCE 1897
The Commercial Press

Евгений Брониславович Пашуканис

ОБЩАЯ ТЕОРИЯ ПРАВА И МАРКСИЗМ

中译本根据苏联共产主义科学院出版社 1927 年版译出

汉译世界学术名著丛书
（120 年纪念版·珍藏本）
增订本出版说明

2017 年 10 月，为纪念商务印书馆创立 120 周年，本馆推出“汉译世界学术名著丛书”（120 年纪念版·珍藏本），计七百种。近五六年来，仰赖学界同人倾力支持，订正旧译，增补新译，拓展新著，积累日多。为满足读者需要，本馆在七百种的基础上，继续推出“汉译世界学术名著丛书”（120 年纪念版·珍藏本·增订本）三百种。至此，“汉译世界学术名著丛书”累计出版已达千种。

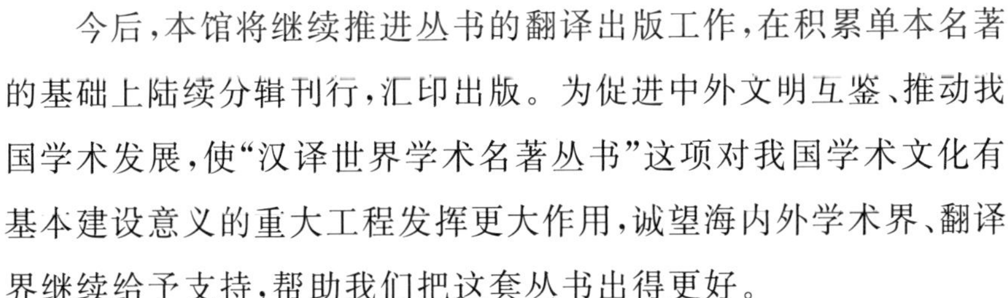

今后，本馆将继续推进丛书的翻译出版工作，在积累单本名著的基础上陆续分辑刊行，汇印出版。为促进中外文明互鉴、推动我国学术发展，使“汉译世界学术名著丛书”这项对我国学术文化有基本建设意义的重大工程发挥更大作用，诚望海内外学术界、翻译界继续给予支持，帮助我们把这套丛书出得更好。

商务印书馆编辑部

2024 年 2 月

汉译世界学术名著丛书
（120年纪念版·珍藏本）
出 版 说 明

2017年2月11日，商务印书馆迎来120岁的生日。120年前，商务印书馆前贤怀揣文化救国的理想，抱持“昌明教育，开启民智”的使命，立足本土，放眼寰宇，以出版为津梁，沟通中西，为中国、为世界提供最富智慧的思想文化成果。无论世事白云苍狗，潮流左右激荡，甚至战火硝烟弥漫，始终践行学术报国之志，无改初心。

迻译世界各国学术名著，即其一端。早在20世纪初年便出版《原富》《天演论》等影响至今的代表性著作，1950年代后更致力于外国哲学和社会科学经典的译介，及至1980年代，辑为“汉译世界学术名著丛书”，汇涓为流，蔚为大观。丛书自1981年开始出版，历时三十余年，迄今已推出七百种，是我国现代出版史上规模最大、最为重要的学术翻译工程。

丛书所选之书，立场观点不囿于一派，学科领域不限于一门，皆为文明开启以来，各时代、各国家、各民族的思想与文化精粹，代表着人类已经到达过的精神境界。丛书系统译介世界学术经典，引领时代思想，为本土原创学术的发展提供丰富的文化滋养，为推动中国现代学术和现代化进程做出了突出的贡献。

为纪念商务印书馆成立120周年，我们整体推出“汉译世界学术名著丛书”120年纪念版的珍藏本，寄望既利于文化积累，又便于研读查考，同时向长期支持丛书出版的译者、编者和读者致以敬意。

两甲子后的今天，商务印书馆又站在了一个新的历史时间节点上。我们不仅要铭记先辈的身影和足迹，更须让我们的步伐充满新的时代精神。这是商务人代代相传的事业，更是与国家和民族的命运始终紧密相连的事业。我们责无旁贷，必须做好我们这代人的传承与创造，让我们的努力和成果不仅凝聚成民族文化的记忆，还能成为后来人可以接续的事业。唯此，才能不负前贤，无愧来者。

商务印书馆编辑部

2017年10月

目　　录

俄文第三版序言 3

同第二版相比，当前的第三版没有实质性改动。之所以如此，当然不是因为我对自己的既有论述做不出补充，也不是因为我觉得进一步详述和局部修订的工作既属多余又不可行。相反，书中仅仅粗浅拟定的思想，能够而且应当获得更系统、更具体、更周密的论述——这样的时机已经成熟。近年来，马克思主义法理论颇有起色；目前法的各个学科已经拥有充足的素材，不少专门问题已经得到讨论，至少初见轮廓的基础已经搭建起来，我们有可能据此努力草创马克思主义一般法理论指南。

正由于我为自己定下近期写作此类指南的任务，我决意不再对当前这部著作做出任何进一步改动。最好让这份纲要保持原样，即对基本法律概念做出马克思主义批判的初步尝试。

当前这一版中出现的零散注释在文中都有说明。

1927 年 7 月

俄文第二版序言

当我的著作公之于众的时候，我完全没想到有必要刊行第二版，而且相隔时间并不算长。但我至今依然确信，事情之所以如此，仅仅是因为这部著作——它原本至多充当进一步讨论的动力和素材——完全出乎作者意料地被用作教材。这一事实又是因为马克思主义的一般法理论文献极其匮乏（鉴于马克思主义圈子里最近仍有人质疑是否存在法的一般理论，相关文献怎么可能不匮乏呢）。

4 尽管如此，当前这部著作绝未自诩享有"马克思主义一般法理论指南"这一光荣称号。首先是由于该著作的撰写很大程度上旨在自我领会，因而该著作有着抽象性，以及凝练的、时常堪称提纲挈领的叙述方式；因而该著作带有片面性，当聚焦于问题的某些看起来居于核心的方面时，这是在所难免的事情。以上特点使这部著作不太适合用作教材。

然而，尽管对这些缺陷心知肚明，我依然决定不在第二版中予以改正。如下考虑促使我做出该决定。基于马克思主义的一般法理论批判仍处于初创阶段，不能一蹴而就地盖棺论定，必须首先彻底弄清法的各个部门，而这方面依然任重道远。基于马克思主义的批判几乎完全没有触及国际法之类的领域，指出这一点足以证实前述情况。诉讼程序和(在小一些的程度上)刑法亦如此。在法史领域,我们仅仅拥有一般历史方面的马克思主义文献提供给我们的东西。只有国家法和民法在此构成某种可喜的例外。因此,马克思主义正要扬帆起航,去征服新的领地。当然,目前这是通过不同观点的论辩来实现的。

我的著作就法的一般理论提出某些问题以供探讨,主要旨在借此完成这一初步任务。有鉴于此,我决定大致保持该著作的原貌,不打算使它迎合任何教材必须遵循的那些要求,而仅限于做出必要补充,这些补充多多少少是为了回应批评者的指正。

我认为应在序言中开宗明义地交代本书的基本思想。

斯图契卡(П. И. Стучка)同志把我的一般法理论进路界定为“力求法的形式趋近商品形式”,这是完全正确的。就我能从反馈意见判断出来的情况看,这一思想基本上被承认为卓有成效,尽管也存在个别保留意见。当然,究其缘由是因为我毕竟用不着在此“发现新大陆”。在马克思主义文献中,首先是在马克思本人那里,关于前面提到的“趋近”,我们能找到足够多的元素。除了本书援
引的马克思的言论,我们只消指出《反杜林论》里面的“道德和法。 5
平等”那一章。恩格斯在其中清楚地表述了平等原则和价值规律之间的联系,并且注明:“从资产阶级社会的经济条件中这样推导出现代平等观念,首先是由马克思在《资本论》中作出的。”[①]于是,剩下的工作就是把马克思和恩格斯提出的各种思想融为一体,并

① Энгельс, *Анти-Дюринг*, II нем. изд., стр. 102.(《马克思恩格斯文集》第 9 卷,人民出版社 2009 年版,第 111 页。——译者注)

努力斟酌由此得出的某些推论。我的任务仅限于此。本书的要义，即法学理论中的法的主体同商品占有者息息相关，继马克思之后无须再次证明。

同样，接下来的结论也并不新鲜，即立足于具备自决能力的主体这一范畴的法哲学——资产阶级学术尚未提出任何其他融贯的法哲学体系——其实从根本上讲是商品经济的哲学，后者确立了以下事情得以发生的最普遍、最抽象的条件：交换依据价值规律进行，剥削采取“契约自由”的形式。共产主义正根据这一观点来批判资产阶级的自由平等意识形态，以及资产阶级的形式民主，在其中，“市场共和国”掩盖了“工厂专制”。这一观点使我们确信，为法秩序的所谓抽象基础做辩护，是为资产者的阶级利益之类东西做辩护的最一般形式。然而，如果说马克思对商品形式以及相关主体形式的分析，已被广泛用作批判资产阶级法律意识形态(юридической идеологии)的手段，那么它根本未被用于研究作为客观现象的法权上层建筑(правовой надстройки)。这一工作在当时主要受到如下情况的阻碍，即致力于钻研法的问题的少数马克思主义者无疑认定，社会的(即国家的)强制调整因素乃是法权现象的核心标志、根本标志和唯一特有标志。仿佛只有这种观点才确保了法的问题的科学研究进路(亦即社会学的兼历史的研究进路)，而有别于那些唯心主义的、纯思辨的、基于具有自决能力的主体这一概念的法哲学体系。因此，时人自然而然地认为，马克思对权利主体的批判——它直接源自关于商品形式的分析——跟法的
6 一般理论毫无瓜葛，毕竟对商品占有者之间关系的外部强制调整仅仅构成全部社会调整的微末部分。

换言之，由此看来，我们可从马克思的“商品监护人”概念——其“意志体现在这些物中”——那里汲取的所有东西，[①]似乎只能适用于一个比较狭小的领域，即资产阶级社会所谓的交易法，而完全不能适用于法的其余部门（国家法、刑法等）或者其他的历史形态（例如奴隶制、封建制等）。也就是说，一方面，马克思分析工作的意义被局限在法的一个专门领域内；另一方面，其论据仅仅被用于揭露资产阶级的自由平等意识形态，仅仅被用于批判形式民主，而没有被用于阐明作为客观现象的法律上层建筑（юридической надстройки）的根本原则性特征。这就忽视了两件事情。第一，法主体性（правосубъективности）原则——按我们的理解，它是指形式上的自由平等原则、人格自主性原则等——不仅仅是欺骗的手段和资产阶级伪善的产物（只要该原则被用于反对无产者为废除阶级而展开的斗争），与此同时也是一项真正有效力的原则，从资产阶级社会脱胎于封建-父权制社会并将其摧毁的那一刻起，该原则就体现在资产阶级社会中。第二，该原则的胜利与其说单单是抑或主要是一种意识形态过程（后者完全属于观念、观点等的历史），毋宁说是人类关系法律化（юридизации）的现实过程，它追随着商品-货币经济（在欧洲历史上指资本主义经济）的发展，并引起深刻且全面的客观变革，包括：私人所有权兴起并得到巩固，私人所有权在主体和一切可能的客体方面的普遍扩张，土地得以摆脱主从关系（отношений господства и подчинения），一切财产转变为

① 语出《资本论》第1卷，参见《马克思恩格斯文集》第5卷，人民出版社2009年版，第103页。——译者注

动产，赔偿责任关系得到发展并居于支配地位，最后，作为特殊力量的政治权力分化出来，而货币的纯粹经济权力与之并立，由此导致公共关系领域和私人关系领域、公法和私法或多或少的明确分离。

于是，如果说关于商品形式的分析揭示了主体范畴的具体历史含义，也暴露了法律意识形态的抽象图式的基础，那么商品-货币经济和商品-资本主义经济发展的历史过程，就伴随着那些图式
7 在具体的法律上层建筑形式中的实现。人际关系在多大程度上被构成为主体之间的关系，法律上层建筑及其正式的制定法、法院、程序、律师等就在多大程度上具备发展条件。

由此可见，资产阶级私法的基本特征，同时也就是一般法权上层建筑最典型的决定性特点。如果说在早期发展阶段，采取针对所致损害的报应和赎金形式的等价交换，催生了我们在所谓蛮族“法典(правдах)”那里见到的最原始的法律形式(юридическую форму)，那么在将来，等价交换在分配领域的残余——(在过渡到发达的共产主义之前)其将保留在社会主义的生产组织中——会迫使社会主义社会把自己暂时封闭在“资产阶级权利的狭隘眼界”之内，正如马克思曾经预见的那样。[①] 法权形式(правовой формы)就在这两端之间发展，并在资产阶级-资本主义社会中达到顶峰。我们也可以这样描绘该过程：有机的父权制关系解体，并由法律关系(即形式上平等的主体之间的关系)取而代之。这种演化的最典

---

① 语出马克思的《哥达纲领批判》，参见《马克思恩格斯文集》第3卷，人民出版社2009年版，第436页。——译者注

型事例之一，就是父权制家庭解体并转变为契约式家庭，在前者那里，家父（pater familias）是其妻子和儿女的劳动力的所有者，在后者那里，配偶之间订立财产契约，儿女从父亲那里领取工资（例如美国农场中的情形）。商品-货币关系的发展推进了这种演化。流通领域，亦即“商品-货币，货币-商品”公式所涵盖的领域，扮演了关键角色。商法对民法发挥的作用，正与民法对[法的]其他一切领域发挥的作用一样，也就是说，商法向民法指明了发展道路。因此，一方面，商法是仅对某些人有意义的特殊领域，这些人的职业就是把商品转化为货币形式，再把货币形式转化为商品；另一方面，商法乃是处于动态过程的、朝向那些最纯粹模式运动着的民法本身，在那些最纯粹的模式中，有机事物的一切痕迹皆被清除，并且法律主体以其完满形式表现出来，作为商品的必要且不可避免的补充。

可见，法主体性原则及其蕴含的图式——该图式在资产阶级法律学看来乃是人类意志的先天图式——是商品-货币经济条件
绝对不可避免的结果。关于这两种因素的联系，以下论断表达了 8
狭隘的经验性和技术性的见解，即贸易的发展要求财产的保障、健全的法院、得力的警察等。但如果我们深入观察，那么显而易见的是，不仅国家机器的这种或那种技术装置是在市场的土壤中成长起来的，而且商品-货币经济的诸范畴本身和法律形式之间存有牢不可破的内在联系。如果一个社会中存在货币，因而私人的个别劳动只有经由一般等价物才变成社会劳动，那么法律形式（及其主客之间、公私之间的对立）的条件就已具备。

只有在这样的社会中，政治权力才可能与纯粹的经济权力分庭抗礼,后者最明显的表现就是货币权力。与此同时,制定法的形式(форма закона)也才成为可能。因此,要分析法的基本规定性,不必把制定法的概念(понятия закона)作为出发点和路标,因为作为政权命令的制定法的概念本身属于如下发展阶段:社会已经分化为市民社会和政治社会并且该格局已获巩固,因而法权形式的基本因素也已落实。马克思说:"政治国家的建立和市民社会分解为独立的个体——这些个体的关系通过法制表现出来,正像等级制度中和行帮制度中的人的关系通过特权表现出来一样——是通过同一种行为实现的。"①

当然,绝不可由此推定我把法的形式看作"最纯粹意识形态的单纯反映"。② 我自认为在这个问题上已经相当清楚地摆明我的观点:"作为一种形式的法,不单单存在于法律学人的头脑和理论中。它拥有与之并行的实际历史,这历史不是展开为思想的体系,而是展开为特定的关系体系。"③我在别处谈到各种法权概念(правовых понятиях),它们在理论上反映了"作为关系体系的法权体系"。④ 换言之,借助各种逻辑抽象来表达的法的形式,产生于(按照斯图契卡的提法)一种现实的或具体的法权形式,产生于

---

① 参见《马克思恩格斯文集》第1卷,人民出版社2009年版,第45页。——译者注

② См. П. И. Стучка, Предисловие к третьему изданию его книги *Революционная роль права и государства*, стр. V. (斯图契卡《法与国家的革命作用》一书的英译本,参见J. Hazard ed., *Soviet Legal Philosophy*, Harvard University Press, 1951, pp. 17—69。——译者注)

③ *Общая теория* etc., стр. 24.

④ Ib., стр. 28.

生产关系的一种现实中介作用(опосредствования)。我不仅曾经指出应在交换关系中寻找法权形式的起源,而且强调在我看来代 9
表着法权形式之最完满实现的因素,即法院和司法程序。

不言而喻,在每一种法律关系的发展中,参与者的头脑里都有各种或多或少定型的意识形态表象(представления),这些表象关乎他们的主体身份,关乎他们的权利和义务,关乎他们的行动“自由”,关乎法定界限等。然而,法律关系的实际意义肯定不在于这些主观的意识状态。只要商品占有者还仅是**意识到**自己是商品占有者,他就尚未成为经济交换关系和其全部进一步后果(这些后果不以他的意识和意志为转移)的中介。法律中介作用发生于交易环节,但是商业交易不再是心理现象。它既不是“理念”,也不是“意识形式”,它是客观的经济事实,即与同样客观的法律形式不可分割地联系起来的经济关系。

或多或少畅通无阻的社会生产与再生产运动,在商品生产社会中通过一系列私人法律行为得到形式上的实现,这种运动乃是法权中介作用的具有深刻实践性的目标。该目标的达成不能单靠意识形式,亦即不能单靠纯粹主观的因素:须有精确的尺度,须有制定法,须有制定法解释,须有决疑术,须有法院和判决的强制执行。正因此,我们在考察法的形式的时候,不能局限于“纯粹意识形态”,不能不考虑这整套客观存在的机制。任何法权效果,例如法权纠纷的解决,都是外在于当事人意识的客观事实,正如给定情况下以法为中介的经济现象。

我有所保留地接受斯图契卡同志对我的另一指责,即我认为法仅存在于资产阶级社会。其实我向来断定而且依旧断定,商品生产者之间的关系催生了最发达、最全面、最完备的法权中介作用,因而,任何一般法理论和任何“纯粹法律学”,都在脱离其他一切条件地、片面地描述在市场中扮演商品占有者角色的人们之间的关系。但是,发达的、完备的形式并不排除不发达的、萌芽的形
10 式,相反,前者以后者为先决条件。例如,私人所有权就是这种情况:唯有自由转让这一因素充分揭示了该制度的本质,尽管作为占有(присвоение)的财产肯定不仅早于发达的交换形式,甚至早于初露端绪的交换形式。[①] 作为占有的财产是一切生产方式的自然结果;但唯有在一定的社会形态下,财产才采取其逻辑上最简单且普遍的形式,即私人所有权,按照这种形式,它被规定为如下事情的简单条件,即按照“商品-货币,货币-商品”公式持续进行的价值流通。

剥削关系恰好也是这样。剥削关系当然绝不跟交换关系挂钩,它在自然经济形式中亦可想见。但只有在资产阶级-资本主义社会——无产者在其中表现为一种以自身劳动力为商品的主体——经济上的剥削关系才得到了采取契约形式的法律中介。

以下事实恰与此相关,即在跟奴隶制社会和农奴制社会相对立的资产阶级社会那里,法权形式取得普遍意义,法律意识形态成为居首的意识形态,对剥削者阶级利益的辩护极为成功地化身为

---

① 这里的“присвоение(对应德文 Aneignung、英文 appropriation)”是作为自然的或有机的经济生活事实的占有,而不是法学意义上的占有。后者的对应单词是俄文 владение、德文 Besitz、英文 possession。本书经常出现的“商品占有者”一词也跟法学意义上的占有挂钩。此外,“财产”和“所有权”是同一单词“собственность(对应德文 Eigentum)”的不同译法。帕舒卡尼斯充分利用了这个单词的双重含义,即经济含义和法律含义,并在此描述了从经济层面向法律层面的转化。——译者注

对抽象法主体性原则的辩护。

总而言之，我的研究决不意味着否认以下事情，即马克思主义法理论亦可用于那些不知有发达的商品-资本主义经济的历史阶段。相反，我素来努力促进理解我们在那些时期发现的萌芽形式，并按照一般发展路线把它们与更发达的形式联系起来。我的观点将在多大范围内富有成效，请大家拭目以待。

显然，在我的简明论纲中，我只能勾勒法权形式的历史-辩证发展的基本特征，主要运用的是我在马克思那里发现的思想。我当时的任务不是要去解决法理论的全部难题，甚至不是要去解决其中某些难题。我当时仅仅希望表明可用何种视角切入那些难题，以及可用何种方式提出那些难题。有信奉马克思主义的同志发现我对法的各种问题的研究进路妙趣横生且前景可期，这使我心满意足，也令我以更加饱满的热情投身于原定的工作方向。

11

导论　法的一般理论的任务

可以这样界定法的一般理论：它是对各种基本的亦即最抽象的法律概念的阐发。这类法律概念例如“法律规范（юридическая норма）”“法律关系（юридическое отношение）”“法的主体”等。这些概念由于自身的抽象性，可以同等适用于法的任一部门；无论用在何种具体内容上，它们的逻辑-体系含义都保持不变。没有人会否认，民法上的主体概念和国际法上的主体概念，从属于法的主体本身这个更一般的概念，因此，对法的主体范畴的界定和阐发，可以独立于这样或那样的具体内容。另一方面，我们如果停留在法的某个部门的范围内，也可以断定前述基本法律范畴并不依赖法权规范（правовых норм）的具体内容，亦即无论具体质料内容如何改变，那些范畴的含义一仍其旧。

不消说，这些最一般、最简单的法律概念，是对实定法规范做出逻辑加工的产物，而且相比于各种自生自发的法关系（правоотношениями）及其规范表达，它们代表了最近的、最高级的自觉创制物。

然而，这并未阻止新康德主义哲学家把基本法律范畴视为凌驾于经验之上的，且使经验本身成为可能的东西。于是，比如说，我们在萨沃尔斯基（Савальский）那里读道：“主体、客体、关系和关系规则都是法律经验的先天成分，是使法律经验成为可能的必要逻辑条件。”[①]以及：“法律关系是一切法律制度的必要且唯一的条件，故而也是法律学的必要且唯一的条件，因为若没有法律关系就没有相关的学问亦即法律学，正好比没有因果律就没有自然，也就 12
没有自然科学。”[②]萨沃尔斯基在其论断中，不过重申了最杰出的新康德主义者之一柯亨（Cohen）的结论。[③] 我们在施塔姆勒（Stammler）的早期主要著作《经济与法》（*Wirtschaft und Recht*，1896年）以及新近著作《法哲学教科书》（*Lehrbuch der Rechtsphilosophie*）那里，可以见到同样的观点。后一部著作这样写道：“我们应在法权概念里区分**纯粹**的概念和**有条件**的概念。前者是各种基本法权概念的一般思维形式。要想理解它们，除了法理念本身之外，用不着其他任何前提。故而它们能够适用于可能出现的一切法权问题，毕竟它们无非是形式性的法概念（понятия права）的不同表现。有鉴于此，应从后者的那些恒常规定性中推导出纯粹法权概念。”[④]

照新康德主义者的见解，“法理念”先于经验，不是指发生学层面的在先，亦即不是指时间上的在先，而是指逻辑和认识论层面的在先——不论新康德主义者如何向我们保证以上观点，我们还是不得不承认，所谓的批判哲学在这点上（一如在其他许多要点上）将我们带回中世纪经院论。

因此可以确信的是，发达的法律思维无论转向何种素材，都离

① *Основы философии права в научном идеализме*，M.，1908，стр. 216.

② Ib.，стр. 218.

③ Cohen，*Ethik des reinen Willens*，2 Aufl.，1907，стр. 227 и сл..

④ *Lehrbuch der Rechtsphilosophie*，2 Aufl.，1923，стр. 245.

不开一定数量的最为抽象和一般的定义。

我们苏联法律学只要还是应对直接实践任务的法律学，就同样离不开此类定义。各种基本的亦即形式性的法律概念，继续存在于我们的法典及其相应评注之中。法律思维方法及其专业操作也依旧有效。

但这是否证明科学的法理论应当致力于分析前述抽象物？有一种广为流行的观点，将纯粹约定俗成的和技术性的含义，归于那些基本的和最一般的法律概念。据说，教义论法律学（Догматическая юриспруденция）是出于且仅仅出于方便才使用这些名称的。这些名称别无理论上和认识上的含义。然而，教义论法律学虽是一门具有实践性和（在某种意义上）技术性的学科，但这一事实还不构成以下推论的根据，即教义论法律学上的概念不能构成相应理论
13 学科的一部分。我们可以赞同卡纳（Karner）的观点，[①]即法律学的终点便是法科学的起点。但不可由此认为，法科学应该索性抛却那些表达法权形式之原则性本质的基本抽象物。毕竟政治经济学的发展也始于（主要是货币流通方面的）实践问题，它最初也为自己定下了指明“政府和国民的致富手段”这一任务。尽管如此，我们已从这些技术性的建议中看出某些概念的基础，这些概念后来以其深刻且概括的形式被纳入作为理论学科的政治经济学。

---

① См. Карнер, *Социальные функции права*, русск. пер., 1923 г., стр. 11.［卡纳（Karner）是卡尔·伦纳（Karl Renner）的笔名。这里引用的是其撰写的《私法制度及其社会功能》（*Rechtsinstitute des Privatrechts und ihre soziale Funktion. Ein Beitrag zur Kritik des bürgerlichen Rechts*，1904 年）的俄译本，该书为奥地利马克思主义法学的代表作。——译者注］

法律学能否在发展为法的一般理论的同时，又不至于消融为心理学或社会学？有没有可能去分析法权形式的基本规定性，就像我们在政治经济学中分析商品形式或价值形式的基本且最一般的规定性那样？法的一般学说可否被视为独立的理论学科，就取决于这些问题的解答。

对资产阶级法哲学——它的多数代表人物都站在新康德主义立场上——来说，前述难题是由两种合规律性的简单对立来解决的，即实然的合规律性和应然的合规律性。资产阶级法哲学由此承认存在两种科学，即因果性的科学和规范性的科学。例如，我们在冯特（Wundt）那里读道："因果性的或者说明性的科学，力求找出那些现实生活进程实际上且应当按照自然必然性去遵从的自然规律，而规范性的学科不力求说明正在发生的事情，其目标和对象仅仅是作为事情成立之基础的规范，即便事情实际上有时未必发生。"[①]在齐美尔（Simmel）看来，应然范畴规定了一种特殊的思维类型，它与那些我们据以思考的按照自然必然性发生的实然状况的逻辑秩序之间，有着不可逾越的鸿沟。具体的"你应当（ты должен）"，只能通过援引另一种应然而获得证成。在逻辑的框架内，我们不可能从［自然］必然性推出应然，也不可能做出相反

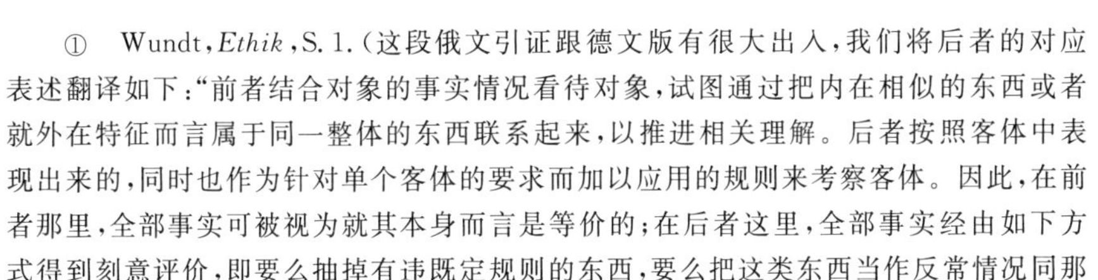

① Wundt, *Ethik*, S. 1.（这段俄文引证跟德文版有很大出入，我们将后者的对应表述翻译如下："前者结合对象的事实情况看待对象，试图通过把内在相似的东西或者就外在特征而言属于同一整体的东西联系起来，以推进相关理解。后者按照客体中表现出来的，同时也作为针对单个客体的要求而加以应用的规则来考察客体。因此，在前者那里，全部事实可被视为就其本身而言是等价的；在后者这里，全部事实经由如下方式得到刻意评价，即要么抽掉有违既定规则的东西，要么把这类东西当作反常情况同那些确证规则的正常情况鲜明对立起来。"——译者注）

14 推论。[①] 这种思想，即合规律性可通过两种不同的方法（因果论方法和目的论方法）加以确立，在施塔姆勒的主要著作《经济与法》中多有应和。于是，法律学似乎取得其作为一门规范性学科的坚实方法论基础。不仅如此，深化这套方法论的各种尝试（例如在凯尔森那里）所催生的信念是，法律学乃道地的规范性科学，因为相比于其他任何同类学科，法律学更能保持在应然范畴的形式-逻辑意义的框架内。事实上，在道德和审美之中，规范性的东西受到心理因素的浸润，因而可被视为有限定的意愿，亦即可被视为事实，视为实然：因果联系的观点时时刻刻在侵扰，妨碍了规范性理解的纯粹性。相反，在法的领域（凯尔森认为，其中的最高表现形式是国家制定法），应然原则以一种绝对他律的形式显现出来，与事实的东西、与存在着的东西彻底断裂。只消把立法职能本身移入元法学的（метаюридическую）领域（这正是凯尔森的做法），而纯粹的规范性领域则留在法律学的地块上，后者的任务将仅限于为各种规范内容赋予严整的逻辑秩序。

我们无疑必须承认凯尔森的伟大功绩。他凭借无畏的一致性，将新康德主义方法论（及其两种合规律性）推演到荒谬的境地。因为最终表明，“纯粹的”应然合规律性，即那种摆脱了一切存在着的亦即事实性的东西、摆脱了一切心理学和社会学“残渣”的应然合规律性，根本没有也不可能有合乎理性的规定性。因为对于纯法律上的亦即绝对他律的应然来说，就连目的都是不相干的和无所谓的东西。按照凯尔森的观点，“为了……你应当”不再是法律

① Сравн. Simmel, *Einleitung in die Moralwissenschaft*.

上的“你应当”。

在法律上的应然层面，仅仅存在沿着等级阶梯从某一规范向另一规范的过渡，位于这等级阶梯顶端的乃是无所不包的、至高无上的、创设规范的权威，它是被法律学当作既定出发点的临界概念。这种处理理论法律学任务的进路，被凯尔森的一位批评者用法学家向立法者发表的如下滑稽言论加以描绘：“你们应当颁布何种制定法，这事我们既不知道也不关心。它涉及立法技艺，与我们不相干。请随心所欲地颁布制定法。一旦颁布出来，我们就要用 15
拉丁文向你们解释你们颁布了何种制定法。”①

这样的一般法理论什么都不去解释，预先回避现实的事实亦即回避社会生活，忙于探讨规范，而毫不关心规范的起源（此乃元法学层面的问题！）或者规范与物质利益之间的联系——这样的一般法理论当然可以自诩为理论，但仅仅类似于人们所说的弈理。这样的理论完全谈不上科学。它不去探究法，不去探究作为一种历史形式的法权形式，因为它全然无意探究实存的东西。因此，用句俗话讲，从它那里“捞不到半点好处”。

那些所谓社会学立场的和心理学立场的法理论则是另一回事。可以对它们抱有更多期待，因为按照它们所用的方法，它们要把法解释为有其起源和发展过程的现象。但是，在此等待我们的是另外的失望。社会学立场的和心理学立场的法理论通常不考察法本身的形式，换言之，它们恰恰忽视了其中牵涉的难题。它们自始就运用着性质上外在于法律的概念，即便涉及纯法律上的界定，

① J. Offner, *Das soziale Rechtsdenken*, 1923 г., стр. 54.

也只是为了宣布它们是“虚构”“意识形态幻象”“投影”等。这种自然主义的或虚无主义的进路，乍看之下无疑有一定的吸引力，与那些完全沉浸在目的论和“道德说教”之中的唯心主义法理论相对照时，尤其如此。见过“永恒的法理念”“人格的绝对意义”等方面的虚浮辞藻之后，寻求关于社会现象的唯物主义解释的读者，欣然转向另一些理论，他们把法视为利益冲突的产物，或者视为国家强制的体现，甚或视为在人的现实心理中展开的过程。许多信奉马克思主义的同志以为，给前述理论加上阶级斗争的元素，就足以得出真正唯物主义的马克思主义法理论。但我们由此得出的，乃是带有或多或少微弱法学色彩的经济形式史，或者制度史，但绝不是法
16 的一般理论。[①] 如果说那些试图或多或少采取唯物主义观点的资产阶级法学家，例如贡普洛维奇(Gumplowicz)，自感(可以说是)有义务查验基本法律概念的仓库，哪怕只是为了宣布它们是人为的、约定俗成的建构物，那么，不用为法律学效劳的马克思主义著作家，则经常默默绕开法的一般理论的各种形式性界定，专注于法权规范的具体内容和法权制度的历史发展。总的说来应当指出，马克思主义著作家在谈及各种法权概念时，主要在考虑某一时期

① 就连斯图契卡同志的著作《法与国家的革命作用》(*Революционная роль права и государства*)——其中探讨了法的一般理论方面的一系列问题——也没有将它们联结为成体系的统一体。与形式本身的逻辑-辩证发展相比，法权调整在其阶级内容方面的历史发展得到凸显。然而应该指出的是，任何人但凡对比本书第三版和第一版就肯定会发现，笔者明显进一步将其注意力放在了法权形式问题上。然而，这是从斯图契卡同志的起点出发的，因为他把法首先理解为生产-交换关系的体系。如果法自始被解释为任何社会关系的形式，那么我们就可以断定，解释者还看不到法的特征。相反，经过或多或少仔细的分析，作为生产-交换关系之形式的法，很容易显露法的特点。

所固有的法权调整(правового регулирования)的具体内容，亦即被一定发展阶段上的人们算作法的东西。以下论述可资为证：“在一定的生产力状况的基础上，某些生产关系得以成立，它们在人们的各种法权概念中以及或多或少‘抽象的规则’中，在不成文的习惯和成文的制定法中，得到其观念上的表达。”[①]此处完全从概念的内容方面考察法权概念，根本没有提及法本身的形式问题。与此同时，毋庸置疑的是，马克思主义理论不仅应当探究法权调整在不同历史时期的实质内容，而且要对作为特定历史形式的法权调整本身做出唯物主义解释。

然而，假如放弃基本法律概念的分析，我们只会得到这样一种理论，它从社会物质需要的角度向我们说明法权调整的产生，从而说明法权规范对应着一定社会阶级的物质利益。然而，我们还没有把法权调整本身作为一种形式来分析，尽管我们往这个概念里塞进了丰富的历史内容。罔顾完备的内部划分和内部联系的我 17
们，将不得不在涉及法律事物时使用贫乏简略的轮廓，这轮廓过于粗略，以致法律领域与相邻领域的边界被完全抹杀。[②]

我们不得不承认这样的做法在某种程度上是合宜的。我们在谈经济史的时候，可以完全撇开(比方说租金理论或工资理论方面的)细枝末节。但是，如果研究诸经济形式的史学家任由理论经济

---

① Бельтов, *К вопросу* и т. д., стр. 140.(别尔托夫是普列汉诺夫的笔名。此处引证的著作即我们所熟悉的《论一元论历史观的发展问题》。——译者注)

② 丰富的历史叙述如何能与极不完善的法权形式梗概并存，这方面的例证可见于波克罗夫斯基(М. Покровский)的《俄罗斯文化史论集》(*Очерк по истории русской культуры*)，该著作认为法的规定性完全表现为固定性和惰性，有别于经济现象的流动性(указ. соч., том I, стр. 16, изд. 2-е)。

学的基本范畴(价值、资本、利润、租金等)淹没在关于经济本身的混沌概念中,我们会做何感想呢?我们可没在说以这样一种历史冒充政治经济学理论的尝试会受到待见。然而,马克思主义法理论领域的情况恰好如此。诚然,我们可从以下事实得到慰藉,即法学家仍在寻找而且不可能找到法概念的定义。毕竟,法的一般理论方面的大多数课程虽常用这样或那样的公式开宗明义,但其实该公式只是提供关于整个法律事物的粗略且混沌的表象。以下事情可作为公理:若根据法所得到的各种定义去认识法,我们的收获微乎其微,相反,有关学者越是透彻地向我们介绍作为一种形式的法,他就越不执念于他自己对法的定义。

这一情况的原因显而易见:按照经院逻辑规则"属加种差"所下的定义,不足以穷尽像法这么复杂的概念的意涵。

不幸的是,就连那些少数钻研法理论的马克思主义者,也未能逃过经院智慧的诱惑。例如,伦纳[①]对法的界定,就立足于社会向个人发出的命令的概念。这种简明的阐释,在他看来足供查考法权制度的过去、现在和未来。[②]

---

① *Marxstudien*,I,1905.

② 亦请比较西贝尔的观点(Зибера,*Собр. соч.*,т. II,стр. 134):"法不过是一套作为经济现象典型表达的强制性规范,旨在预防和遏制那些偏离常态的情况。"我们在布哈林同志的著作《历史唯物主义》中找到了类似的定义:法是国家政权所颁布的强制性规范(*Исторический материализм*,2-е изд.,стр. 175)。布哈林不同于西贝尔,尤其不同于伦纳之处在于,布哈林着重强调国家政权的阶级性,从而强调法的阶级性。布哈林的门徒波德沃洛茨基(Подволоцкий)给出了更详细的定义:"法是反映一定社会的经济关系和其他社会关系的强制性社会规范的体系,这些规范是由统治阶级的国家政权引入和保护的东西,旨在制裁、调整和巩固前述关系,进而巩固阶级统治"(*Марксистская теория права*,стр. 156)。所有这些定义都强调法权调整的具体内容与经济之间的联系。但与此同时,它们力求把作为形式的法完全理解为外部的、由国家组织的强制力的标志,即它们其实没有超出实用法律学或教义论法律学本身的粗略经验方法,而超越此种法学应是马克思主义的任务。

此类公式的主要缺陷在于，它们不能在法的现实运动中把握 18
法的概念，这种现实运动揭示出全面的内部相互关联和联系。此类公式不去提供具有最完备、最清晰形式的法的概念，因而不去表明该概念对特定历史时期的意义，它们摆在我们面前的是关于“外部权威性调整”的纯语词概要，其同等适用于人类社会发展的一切时期和阶段。政治经济学里面与之如出一辙的做法是，力求在界定经济的概念时囊括全部历史时期。经济学理论要是全由这些无益的经院式概括构成，恐怕就不配称为科学了。

众所周知，马克思研究的起点不是关于整个经济的讨论，而是关于商品和价值的分析。因为随着交换的出场，作为特殊关系领域的经济才分化出来。只要价值关系缺位，经济活动就很难区别于所有其他的生活功能，而是与之融为一体。纯粹的自然经济，不能构成作为独立科学的政治经济学的主题。① 只有商品-资本主义
关系才构成作为（运用自身专门概念的）特殊理论学科的政治经济 19
学的主题。“政治经济学从商品开始，即从产品由个别人或原始公社相互交换的时刻开始。”②

① 然而必须指出的是，在马克思主义者那里，关于理论经济学的主题并无完全一致的意见。斯捷潘诺夫-斯克沃尔佐夫（И. И. Степанова-Скворцова）同志关于“何谓政治经济学”的发言（“Что такое политическая экономия”，*Вестник Комакадемии*，1925 г.，№ 12）所引起的讨论可资为证。但是，参与此番讨论的绝大多数苏联经济学家坚决反对斯捷潘诺夫同志的观点，他认为商品经济和商品-资本主义经济的上述范畴根本构不成理论经济学的专门主题。

② Энгельс，“Рецензия на книгу Маркса *Zur Kritik*” etc.，помещенная в лондонской рабочей газете *Das Volk* 6—20 августа 1859 г.（参见恩格斯的《卡尔·马克思〈政治经济学批判。第一分册〉》，载《马克思恩格斯文集》第 2 卷，人民出版社 2009 年版，第 604 页。——译者注）

类似的考虑完全可以适用于法的一般理论。产生于发达的法律思维、代表着一般法律形式之直接定义的那些基本法律抽象物，反映着一定的、纷繁复杂的社会关系。在寻找法的定义时，若指望它既契合这些复杂关系，又契合一般而言的“人的天性”或“人的共同生活”，那必定导致经院式的空话公式。

当我们不得不从这种无生气的公式，转向分析我们实际遇到的那种法权形式，不免碰见一连串困难。唯有凭借明显的发奋和技巧，方能克服此类困难。于是，例如，通常在我们已经拿到法的一般定义后，我们了解到事实上存在两类法：主观法和客观法，[拉丁文表述]即“ius agendi”和“norma agendi”。然而法的一般定义本身完全没有提供这么一种分裂的可能性，因此我们要么必须否定其中某一类，宣称它是虚构、幻想等，要么必须在法的一般概念与它的两种类型之间确立纯粹表面的联系。然而，法的这种二重性，即法二分为规范和权能（правомочие），跟（比方说）商品二分为价值和使用价值有同样重要的意义。

作为形式的法在其各种直接定义之外是难以捉摸的。它仅存在于对立之中：客观法和主观法之间的对立、公法和私法之间的对立等。然而，所有这些基本区分终将机械地附加到基本公式上，如果我们所形成的基本公式想要囊括社会发展的全部时期和阶段的话（其中某些时期和阶段毫不了解前述对立）。

唯有资产阶级-资本主义社会才为社会关系中的法律因素达致充分明确性，创造了全部必要条件。

20 如果说我们暂且搁置原始民族的文化（在其中，我们很难把法跟属于规范性秩序的广大社会现象区分开），那么即便在中世纪封建制的欧洲，各种法权形式也极不发达。前面提到的全部对立，交融为单一的未分化的整体。作为客观规范的法和作为权能的法之间没有区分。一般性的规范并不有别于它的具体适用，因此法官的活动和立法者的活动合而为一。公法和私法之间的对立，在马尔克组织和封建权力组织那里完全湮灭。资产阶级时代的典型特征，即作为私人的人与作为政治联合体成员的人之间的矛盾，那时还全无踪影。法权形式的所有这些方面要足够明朗地凝结，尚需漫长的发展过程，其主要舞台在于城市。

因此，基本法律概念的辩证发展，不仅为我们提供了最为鲜明精细的法的形式，而且反映了现实的历史发展过程，后者无非是资产阶级社会的发展过程。

对我们所理解的法的一般理论，不可因为这门学科仿佛仅涉及形式性的、约定俗成的定义和人为的建构物而加以反对。无人怀疑政治经济学研究的是实际存在的东西，尽管马克思曾经告诫我们，对价值、资本、利润、租金等的考察“既不能用显微镜，也不能用化学试剂”。[①] 法的理论在运用具有同样“人为性”的抽象物；“法律关系”或“法的主体”同样不能用自然科学研究方法来考察，但这些抽象物的背后潜藏着十分现实的社会力量。

从生活在自然经济环境中的人的观点来看，价值关系经济学似乎是对简单自然事物的人为歪曲，恰如法律思维方式似乎是对“普通人”常识的歪曲。

① 语出《资本论》第1卷，参见《马克思恩格斯文集》第5卷，人民出版社2009年版，第8页。——译者注

必须指出的是，较之经济的立场，“普通”人意识对法律的立场远感陌生。因为如果一种经济关系同时落实为法律关系，那么对
21 于这种关系的参与者来说，在大多数情况下彰显的是经济的方面；法律因素则留居背景之中，仅在特殊的例外情况下（诉讼、与法有关的纠纷）才十分明确地显露出来。另一方面，在其活动阶段的“法律因素”的担当者，通常是特殊阶层的代表（律师、法官）。因此，对“普通”人来说，按照经济范畴思考似乎比按照法律范畴思考更加轻车熟路。

如果认为表达法权形式的意义的那些基本概念，乃是某人随意杜撰出来的东西，就会陷入马克思在18世纪启蒙人士著作中发现的谬误。因为按照马克思的说法，他们还不能解释社会关系谜一般的形态的起源和发展，于是他们试图祛除这些形态的奇异性质，声称这些形态是人类的发明，而不是从天上掉下来的。[①]

然而不能否认，大量的法学建构物其实很不牢靠，是约定俗成的。例如，公法上的多数建构物便是如此。后面我们将试着弄清这种现象的原因。就目前而言我们仅限于指出：在发达的商品经济中，价值形式变得比比皆是，并且除了它的原初表达之外，还采取各种衍生的和虚幻的表达——表现为这样一些对象的售价，它们不是劳动产品（例如土地），甚至无关乎生产过程（例如从间谍那里购得的军事秘密）。这并不妨碍如下事实，即作为一种经济范畴的价值，只能从生产某种产品所需的社会必要劳动成本的角度来

① *Капитал*，I，стр. 61.（这里的表述似乎杂糅了《资本论》的通行德文版和法文版，参见《马克思恩格斯文集》第5卷，人民出版社2009年版，第111页；《马克思恩格斯全集》第43卷，人民出版社2016年版，第86页。——译者注）

理解。同样，法权形式的普遍主义(универсализм)，不应阻却我们探寻构成其现实基础的那些关系。接下来我们希望表明，这基础**不是**被冠以公法关系之名的那些关系。

对于我们所理解的一般法理论的任务，还有一种反对意见：作为分析基础的那些抽象物，被视作仅为资产阶级法所固有。据说，无产阶级法应当找到其他的一般化概念，对这类概念的探求应当构成马克思主义法理论的任务。

乍看之下，这种反对意见像煞有介事，可是它基于一种误解。22
要求无产阶级法找到自己崭新的一般化概念，这种取向看似具有地道的革命性，实则宣告法的形式乃是不朽的，因为它试图把法的形式从曾经确保其充分绽放的特定历史条件中剥离出来，并宣称法的形式能够一直与时俱进。资产阶级法的诸范畴——只是范畴，而非这样或那样的规定——的消亡，并不意味着它们会被无产阶级法的新范畴所取代，这就好比价值、资本、利润等范畴在过渡到发达的社会主义之时消亡，并不意味着会出现新的无产阶级的价值、资本、租金等范畴。

资产阶级法的诸范畴在这些条件下的消亡，将意味着整个法的消亡，亦即法律因素从人们的关系中逐渐淡出。

诚如马克思在《哥达纲领批判》中所言，这一过渡时期的特征是，人们的关系在一定时期还将不免囿于“资产阶级权利的狭隘眼界”。分析资产阶级权利的狭隘眼界在马克思心目中的所指，乃是饶有兴味的事情。马克思拿这样一套社会秩序作为前提，其中生产资料属于整个社会而且生产者互不交换自己的产品。因此，他所假定的阶段高于我们正在经历的“新经济政策”。市场联系已被有组织的联系完全取代，于是“用在产品上的劳动，在这里也不表现为这些产品的价值，不表现为这些产品所具有的某种物的属性，因为这时，同资本主义社会相反，个人的劳动不再经过迂回曲折的道路，而是直接作为总劳动的组成部分存在着”。[1] 但是，纵然市场和市场交换完全废除，照马克思的观点，新的共产主义社会一时间仍不免“在各方面，在经济、道德和精神方面都还带着它脱胎出来的那个旧社会的痕迹”。这影响到分配原则，即“每一个生产者，在做了各项扣除以后，从社会领回的，正好是他给予社会的”。马克思强调，虽然内容和形式彻底改变，[仍然]“通行的是调节商品交换（就它是等价的交换而言）的同一原则……即一种形式的一定
23 量劳动同另一种形式的同量劳动相交换”。只要单个生产者同社会的关系继续保留等价交换的形式，那些关系也就继续保留法的形式，因为“权利，就它的本性来讲，只在于使用同一尺度”。但既然这种权利没有考虑到个体天赋的自然差别，那么“就它的内容来讲，它像一切权利一样是不平等的权利”。[2] 马克思没有提到须由国家权力强制保证那些“不平等的”权利准则的实施，后者保留了权利的“资产阶级的框框”。列宁得出这样的结论：“既然在**消费**品的分配方面存在着资产阶级权利，那当然一定要有**资产阶级国家**，因为如果没有一个能够**强制**人们遵守权利准则的机构，权利也就等于零。可见，在共产主义下，在一定的时期内，不仅会保留资产

---

① *Критика Готской программы*, изд. 1919 г., Петроград, стр. 15.（参见《马克思恩格斯文集》第 3 卷，人民出版社 2009 年版，第 434 页。——译者注）

② 参见《马克思恩格斯文集》第 3 卷，人民出版社 2009 年版，第 434—435 页。——译者注

阶级权利,甚至还会保留资产阶级国家,——但没有资产阶级!"①

① Ленин, *Государство и революция*, стр. 93.(语出《国家与革命》,参见《列宁选集》第3卷,人民出版社2012年版,第200页。列宁在这一页接着写道:"其实,无论在自然界或在社会中,实际生活随时随地都使我们看到新事物中有旧的残余。马克思并不是随便把一小块'资产阶级'权利塞到共产主义中去,而是抓住了从资本主义脱胎出来的社会里那种在经济上和政治上不可避免的东西。"

单从字面上看,马克思和列宁引文中的"权利"亦可译成"法[权]","权利准则"亦可译成我们更熟悉的"法[权]规范",就像旧版《马克思恩格斯全集》和《列宁全集》中译本所做的那样。此处的译名变动其实涉及马列经典著作汉译史上的一次重要公告,而且这次公告跟权利本位论在当代中国的兴起也有千丝万缕的联系。在1977年12月12日的《人民日报》第2版上,中共中央马恩列斯著作编译局发表题为《"资产阶级法权"应改译为"资产阶级权利"》的单位署名文章。文中指出:"中文同英、日文一样,没有同Recht、право相应的多义词。而'法权'这个词意思含混,不能起到多义词的作用。因此,在翻译马列著作时,应当根据原著行文的含义,分别确定译为'法'或'权利'。……所说的'资产阶级法权'一语,出自马克思的《哥达纲领批判》。……这里[即当时的《哥达纲领批判》中译本]的'权利'和'法权',在德文中均为Recht,都是在'权利'意义上使用的。因为马克思在这里是从权利关系上,而不是从法律关系上论述社会主义的分配。把这句话中的同一个词Recht分别译为'权利'和'法权',造成了概念的混乱,甚至导致理论上的错误理解。有些读者对'法权'一词作望文生义的解释,说它是'法定权利'、'合法的权利'、'合制度规定的权利'。这样就在'权利'的含义上随意加进了法的内容,不符合马克思的原意。有些读者则把'法权'理解为'法',说'资产阶级法权是资产阶级的利益和意志在法律上的表现,是资本主义经济基础的反映并为它服务的'。这样解释,似乎社会主义的按劳分配还体现了资产阶级的利益和意志。这在理论上完全是错误的。……德文das bürgerliche Recht,俄文буржуазное право,在英译本中均译为bourgeois right(资产阶级权利)……根据以上考虑,我们决定将《哥达纲领批判》和《国家与革命》两书中提到的das bürgerliche Recht、буржуазное право改译为'资产阶级权利'。"我们由这项公告可以得出以下结论:如果我们在译名上一以贯之地坚持"法vs.制定法(Recht vs. Gesetz,或者право vs. закон)"的二元论(即以前所谓"法vs.法律"的二元论),如果我们认识到作为统治阶级意志之成文表达的主要指向Gesetz或закон,如果我们知道按照20世纪英语世界的德国著作翻译传统,兼具"权利"和"正当"之义的单数名词right经常担当Recht的权宜对应单词,比如黑格尔《法哲学原理》即译成"Elements of the Philosophy of Right",那么在此采用"资产阶级法"这个译名也不至于引发重大误解,而且能够跟帕舒卡尼斯的前后讨论更好地衔接起来。——译者注)

等价关系的形式一旦确立，那么法的形式就得到确立，公共权力亦即国家权力的形式就得到确立，后者因此甚至会在阶级划分不复存续的条件下，一时间维持不坠。按照马克思的观点，只有“在劳动已经不仅仅是谋生的手段，而且本身成了生活的第一需要之后”，在生产力随着个体的全面发展而增长的时候，在每人按其能力自愿工作的时候，或者（套用列宁的说法）不再“像夏洛克那样冷酷地斤斤计较，不愿比别人多做半小时工作”的时候，总之，在**等价关系的形式被最终克服的时候**，法以及国家才会消亡。

因而，依照马克思的设想，向发达的共产主义过渡，并不是向法的各种新形式过渡，而是整个法律形式的消亡，是从资产阶级时代的这种遗产中解放出来（后者注定比资产阶级本身更长久）。

与此同时，马克思指明了根植于经济本身的法权形式实存的基本条件，即按照等价交换原则的劳动力联合，也就是说，他揭示出法的形式和商品形式之间的深层内在联系。一个社会如果囿于其生产力状况，不得不保留劳动成本与报酬之间的等价关系，并且这种关系的形式哪怕只是依稀近似于商品价值的交换，那么，该社
24 会也就不得不保留法的形式。只有从这一基本因素出发，才能理解为何一整套其他社会关系都采取法律形式。相反，如果因为纵有最大限度的经济保障也并未能让侵犯人身等犯罪消失，就推定法庭和制定法永远保留，那便不啻于把次要的、派生的因素当作主要的、基本的因素了。毕竟，在理论上，就连资产阶级的先进的刑事研究也开始确信，打击犯罪的斗争本身可被视为一项医学兼教育学的任务，就该任务的达成而论，法学家及其[运用的]“犯罪构成”、法典、“罪责”概念、“完全责任能力或限制责任能力”概念以及

共犯、从犯、教唆犯之间的精细区分等全无必要。如果这种理论信念尚未导致刑法典和刑事法庭的废除，这当然仅仅是因为克服法的形式不仅需要超出资产阶级社会的框架，而且需要彻底清除资产阶级社会的一切残余。

按照科学社会主义的观点批判资产阶级法律学，应当取法于马克思示范的资产阶级政治经济学批判。要做到这一点，这种批判首先应当踏入敌方领地，也就是说，不应把资产阶级法学家们根据自身时代和阶级的需要所做出的概括和抽象弃置一旁，而应通过分析这些抽象范畴，揭示它们真实的意义，换言之，指明法权形式的历史制约性。

每种意识形态都随其社会关系母体一同消灭。但在最终消逝之前还有这样的时刻，即意识形态在批判的打击之下，丧失了遮掩其社会关系母体的能力。意识形态的根基的暴露，是其行将灭亡的可靠征兆。因为诚如拉萨尔（Lassalle）所言："一个新时代的破晓之兆，总在于有关迄今作为现实性本身而存在的东西的既有意识中。"[①]

① Лассаль，*Система приобретенных прав*.（正文中放着的是拉萨尔的德语原文，脚注里给出了对应的俄译文。俄译文的主语是"一种新生活的降临"。——译者注）

25

第一章　在抽象科学中建构具体东西的方法

每一门从事概括的科学在研究自己的主题时，都涉及同一具体且整全的现实。同样的观察，例如对天体穿过子午线的观察，有助于得出天文学的和心理学的结论。同样的事实，例如土地租赁，可以是政治经济学研究或法学研究的对象。故而，各门科学的分野，在很大程度上依托于对待现实的方法亦即进路的分野。每门科学都有自己独到的规划，并且努力按此规划去再现现实。与此同时，每门科学都在建构具体现实及其全部丰富的形式、关系和依存纽带，视其为最简单元素与最简单抽象[物]相结合的结果。心理学试图把意识分解为最简单的元素。化学也在物质方面完成相同的任务。一旦我们无法在实际上把现实分解为最简单的元素，抽象[力]就向我们施以援手。抽象[力]在社会科学中大有作为。抽象[力]的或高或低的完善度，决定着某一社会科学的成熟度。马克思以经济科学为例，向人们提供了出色的例证。

他说，从具体的总体出发，从一定地理条件下生活和生产的人口出发展开研究，似乎是顺理成章的事情；但抛开构成人口的阶级，人口就是空洞的抽象，而抛开阶级的生存条件（例如工资、利润、租金），阶级又是一句空话；对阶级的分析，预设了价格、价值和

(最后是)商品等最简单的范畴。政治经济学家从这些最简单的规定出发重构了具体的总体,它不再是杂乱含混的整体,而是具有丰富的内在依存纽带和关系的统一体。与此同时,马克思还补充说:
科学的历史发展恰恰走了一条相反的道路——17世纪的经济学 26
家从具体的东西出发,亦即从民族、国家和人口出发,进而探究租金、利润、工资、价格和价值。但是,历史上不可避免的东西绝不就是方法论上正确的东西。①

这些评论完全适用于法的一般理论。于是,具体的总体——社会、人口、国家——应当成为我们推理的结果和最终阶段,而非出发点。相比单凭眼前关于具体整体的朦胧意象进行的探索,我们从最简单的东西到比较复杂的东西,从纯粹的过程到比较具体的过程,也就循着一条具有清晰方法论的从而也更加正确的道路。

应在此处提出的第二条方法论评论,涉及社会科学的特征,或者更确切地说,社会科学所使用的那些概念的特征。如果我们采纳任何一个自然科学概念,例如能量的概念,那么我们自可准确判定这个概念的年代因素。但这类日期仅对科学史和文化史有意义。对自然科学研究本身,这种概念的运用不受制于任何年代框架。能量转换定律在人类出现之前就有效,并将在地球生命灭绝之后继续有效。该定律处在时间之外,它是永恒的定律。我们可以追问能量转换定律的发现时间,但若追问该定律所表现的关系起于何时,则毫无意义。

---

① Сравн. Маркс, *Введение к критике политической экономии*, М., 1922, стр. 24. (参见《马克思恩格斯全集》第30卷,人民出版社1995年版,第41—42页。——译者注)

当我们现在转向社会科学，至少是转向政治经济学，并从中取一个基本概念，比方说价值，那么我们将立刻认识到，不但作为我们思维元素的价值概念是历史性的，而且在作为经济学说史组成部分的价值概念史之外，我们还拥有价值的现实历史，即逐渐使价值概念成为历史实在的人类关系发展过程。①

27 我们深知，事物的这种“观念上的”“想象的”属性要取得与它的自然属性相比是“现实的”同时也是决定性的意义，劳动产品要从自然现象转化为社会现象，必须具备怎样的物质条件。这样我们也就知道我们所用的那些认知抽象物的实际历史基质，同时我们也确信，这类抽象物的有效适用范围与实际历史发展的框架相吻合，并且由其决定。马克思援引的另一例证尤为清楚地表明了这一点。劳动作为人对自然的最简单关系，毫无例外地出现在所有发展阶段；但作为经济学抽象物的劳动出现得比较晚（试比较各流派的顺序：重商学派、重农学派、古典学派）。概念的这种发展对应着经济关系的实际发展，它使各种人类劳动的区分退居其次，使“劳动一般”取而代之。因此，概念的发展对应着历史过程的实际辩证法。② 让我们再举一个不是来自政治经济学领域的例子。这个例子就是国家。在此，我们一方面可以观察到，国家的概念如何逐步获得明确性和完整性，发展出自身全部的规定性，另一方面也

① 当然，不应认为价值形式的发展和价值理论的发展同时发生。相反，这两个过程在年代上并不吻合。在久远的古代找得到发展程度各不相同的交换形式和相应的价值形式；而众所周知，政治经济学是最年轻的科学之一。——俄文第三版注

② Сравн. Маркс，*Введение к критике*，стр. 26—27.（参见《马克思恩格斯全集》第30卷，人民出版社1995年版，第44—46页。——译者注）

可以观察到，国家实际上如何脱胎于氏族社会和封建社会，并转变为“独立的”“阻塞其[即社会]一切毛孔的”力量。[①]

因此，就其一般规定性而言的法，作为一种形式的法，不单单存在于法律学人的头脑和理论中。它拥有与之并行的实际历史，这历史不是展开为思想的体系，而是展开为特定的关系体系，人们进入其中不是出于有意识的选择，而是出于生产条件的强迫。自然产物因为某种必然性的缘故，变成带有谜一般的价值属性的商品，人也由于同样的必然性而变成法律主体。

没有超出资产阶级生存条件框架的那种思维，只可能把前述
必然性视为自然的必然性；因而，自然法学说或有意或无意地居于
各种资产阶级法理论的基底。在充当革命阶级的资产阶级公开 28
地、一以贯之地表述自身要求的那个时代，自然法学派乃是资产阶
级意识形态最鲜明的倡导者，不仅如此，自然法学派还为最精辟地
理解法权形式树立了典范。自然法学说的昌盛期几乎与资产阶级
政治经济学伟大古典作家的登场保持同步，这并非偶然。这两派
都致力于以最一般从而最抽象的形式，表述资产阶级社会存续的
基本条件，这些条件在他们看来乃是任何社会存续的自然条件。

就连伯格鲍姆（Bergbohm）这样的高举法律实证主义旗帜而压制自然法学说的人士，也必须承认自然法学说在为现代资产阶级法秩序奠基方面的功绩。

“它[即自然法——帕舒卡尼斯注]动摇了农奴制和封建依附

① 语出《路易·波拿巴的雾月十八日》，参见《马克思恩格斯文集》第2卷，人民出版社2009年版，第564—565页。——译者注

关系的根基，为实现土地所有制的解放开辟了道路，打破了行会的束缚和对贸易的限制……它实现了良心的自由……它为任何宗教和任何民族的个人提供私法保障……它废除了酷刑，并整顿了刑事诉讼程序。”①

纵然不去纠缠于法理论各个流派变迁的细节，我们也能注意到法律思想的发展与经济思想的发展有可以相提并论之处。因此，二者的历史趋势都可被视为表明了封建-贵族的和（一定程度上）小资产阶级-行会的反应。再者，随着资产阶级的革命热情在19世纪下半叶最终消退，古典学说的纯粹性和鲜明性对它不再有吸引力。资产阶级社会渴望着安稳和强权。于是，法学理论不再关注法权形式的分析，转而关注法权律令的强制力的根据问题。由此造就历史主义和法律实证主义的特殊混合物，其归结为否定官方法之外的一切法。

所谓“自然法的复兴”，并不意味着资产阶级法哲学回归18世纪的革命立场。在伏尔泰和贝卡里亚（Beccaria）的时代，每位开明的法官都自得于打着适用制定法的旗号兑现哲人的观点，而那些观点无非是对封建制度的革命性否定。在我们这个时代，“自然
29 法”复兴运动的倡导者施塔姆勒提出以下命题：“正当的”法（richtiges Recht）首先要求服从实定法，哪怕后者是“不正当的”。

① Bergbohm, *Jurisprudenz und Rechtsphilosophie*, стр. 215.（德文版此处的引文表述是：“它［即自然法——帕舒卡尼斯注］动摇了农奴制和奴役，并且强烈要求解放土地；它将那种因为僵化行会制度的强制和荒唐贸易限制所束缚的劳动力释放出来……它实现了宗教忏悔的自由和科学教诲的自由……它为一切信仰和民族提供私法保障……它帮助废除了酷刑，将刑事诉讼程序引上合乎法定程序的有序轨道。”——译者注）

法[学]中的心理学派可与政治经济学中的心理学派相提并论。二者都努力将分析对象转向主观意识状态的领域("评价""命令式-归属的情感"),他们看不到以下事实:相应的抽象范畴按其逻辑结构的合规律性,反映出隐藏在个体背后且超出个体意识的那些社会关系。

最后,规范学派(凯尔森)的极端形式主义,无疑表达了晚近资产阶级学术思想的整体衰落倾向,其醉心于方法论上和形式-逻辑上的无用把戏,并因自身同现实的彻底决裂而得意洋洋。数理学派的代表人物将在经济理论中占据相应位置。

法权关系是(借用马克思的提法)一种抽象的、片面的关系,但它的片面性不是源自有思虑的主体的智识工作,而是社会发展的产物。

"在研究经济范畴的发展时,正如在研究任何历史科学、社会科学时一样,应当时刻把握住:无论在现实中或在头脑中,主体——这里是现代资产阶级社会——都是既定的;因而范畴表现这个一定社会即这个主体的存在形式、存在规定、常常只是个别的侧面。"①

马克思这里关于经济范畴的论述,完全适用于法律范畴。它们实际上以其虚幻的普遍性表达了一定历史主体(即资产阶级的商品生产社会)的实存的个别方面。

最后,在马克思那篇为我们屡次引用的《[〈政治经济学批判〉]

① Маркс, *Введение к критике*, стр. 29, М., 1922.(《马克思恩格斯全集》第30卷,人民出版社1995年版,第47—48页。——译者注)

导言》里，我们又找到一番方法论方面的深刻论述。这番论述涉及如下可能性，即通过分析较晚的因而更发达的构成物，弄清先前形态的意义。他说，理解了租金，我们也就能够把握贡赋、什一税和封建代役租。较为发达的形式向我们澄清了先前的阶段，那时该
30 形式还仅仅处于胚胎状态。后来的演化揭示了那些可见于个别过往时代的线索。

“资产阶级社会是最发达的和最多样性的历史的生产组织。因此，那些表现它的各种关系的范畴以及对于它的结构的理解，同时也能使我们透视一切已经覆灭的社会形式的结构和生产关系。资产阶级社会借这些社会形式的残片和因素建立起来，其中一部分是还未克服的遗物，继续在这里存留着，一部分原来只是征兆的东西，发展到具有充分意义。”①

将以上方法论考量用于法理论时，我们应当首先分析最抽象、最纯粹的法权形式，通过复杂化而逐步运动到历史上的具体事物。在这么做的时候我们不应忽视，概念的辩证发展对应着历史过程本身的辩证发展。历史演化不仅为规范的内容和法的制度带来变化，也带来法权形式本身的发展。已出现在特定文化阶段上的法权形式长期处于胚胎状态，仅有微弱的内部分化，且未与相邻领域（习俗、宗教）区分开来。然后，它逐步发展，臻于鼎盛，获得了最大限度的分化和明确性。这最高的发展阶段对应着一定的经济-社会关系。与此同时，该阶段的特征在于出现了一般概念的体系，那

① Маркс, *Введение к критике* и т. д., стр. 28, русск. пер. М., 1922.（《马克思恩格斯全集》第 30 卷，人民出版社 1995 年版，第 46—47 页。——译者注）

些概念在理论上反映了作为完备整体的法权体系。

与文化发展的两个周期相对应，我们拥有一般法权概念的两次高潮期，即具备私法体系的罗马，和 17、18 世纪的欧洲，那时的哲学思想揭示了法权形式的普遍意义，即资产阶级民主应予实现的某种可能性。

因此，我们只有通过分析充分发达的法的形式——它解释了作为其胚胎的先前形式——才能得到清晰详尽的规定性。

仅当此时，我们才不会把法理解为抽象人类社会的一种附属物，而理解为同基于私利对抗的一定社会环境相适合的历史范畴。

31 第二章　意识形态与法

在斯图契卡同志和莱斯涅尔（Рейснер）教授的论战中，[①]法的意识形态本性问题扮演着关键角色。莱斯涅尔教授以大量引证为支撑，力图证明：马克思本人和恩格斯本人都认为法是“意识形态形式”之一，并且其他众多马克思主义理论家也持同样看法。这些提示和引文当然没有什么争议。同样，不可否认的是，人们在心理层面体验着法，特别是以一般的原则、规则或规范的形式。但问题根本不在于肯认或否认法权意识形态（或法权心理学）的存在，而在于证明各种法权范畴除意识形态含义之外别无其他含义。只有在后一种情况下，我们才承认莱斯涅尔教授的以下结论顺理成章，即“马克思主义者只能把法当作意识形态大类的亚种（подвидов）来研究”。事情的全部要害就在“只”这个字上。让我们用政治经济学的例子来说明这一点。商品、价值、交换价值等范畴无疑是意识形态的构成物，是（沿用马克思的提法）被歪曲的、神秘化的表象形式（формами представлений），交换社会（меновое общество）据以思考单个生产者之间的劳动联系。以下情况证实了这些形式的意识形态性，即我们一旦转向其他的经济结构，足令商品、价值等范

① См., *Вестник Социалистической академии*, № 1.

畴完全失去意义。因此，我们很有理由谈论商品意识形态或者马克思所谓的“商品拜物教”，并将该现象归入心理现象。但这并不意味着政治经济学范畴仅仅具有心理学含义，或者只是关乎体验、表象（俄文 представления、德文 Vorstellungen）或其他主观过程。我们深知，例如，商品范畴虽然显示出鲜明的意识形态主义，却反映了客观的社会关系。我们知道，该关系的这样或那样的发展程度、该关系的或多或少的普遍性，是要按其本来面目而非仅从意识 32
形态-心理过程角度加以考虑的物质事实。因此，政治经济学上的各个一般概念不仅是意识形态元素，同时也是我们能够据以在科学上（亦即在理论上）建构客观经济现实的那类抽象物。用马克思的话来说，“对于这个历史上一定的社会生产方式即商品生产的生产关系来说，这些范畴是有社会效力的，因而是客观的思维形式”。①

因此，我们需要证明的，不是一般法律概念能够进入（并且的确进入了）意识形态过程和意识形态体系的组成部分——对此并无疑义——而是我们不可能从中（即从这些概念中）发现以某种方式神秘化的社会现实。换言之，我们要设法弄清，法权范畴是否并不代表着与客观社会关系相应的客观思维形式（这里“客观”是对某个历史上既定的社会而言的）。于是我们自问：有没有可能把法理解为一种社会关系，就像马克思把资本称为一种社会关系那样？

问题的这种提法，预先排除了对法的意识形态性的指涉，并将

① *Капитал*, I, стр. 36.（参见《马克思恩格斯文集》第 5 卷，人民出版社 2009 年版，第 93 页。——译者注）

我们全部的考虑转移到截然不同的层面上。

承认某概念的意识形态性，丝毫不能使我们免于费心探寻客观实在，后者存在于外部世界而非仅仅存在于有关既存实在的意识中。否则，我们就不得不把（同样存在于某些人的表象中的）死后世界和（比方说）国家之间的界分一笔勾销。然而，这恰是莱斯涅尔教授的做法。他拿恩格斯关于“国家作为第一个支配人的意识形态力量”[①]的著名言论为凭据，毫不迟疑地在国家和国家意识形态之间画上等号。“鉴于权力显像的心理属性如此鲜明，国家权力本身——**它仅存在于人们心中**——如此欠缺物质表征，大家似乎都认为国家权力无非是一种理念，仅当人们将它奉为自己的行
33 为准则时，它才实际显现出来。”[②]这就是说：财政、军队、行政，所有这一切完全“欠缺物质表征”，所有这一切“仅存在于人们心中”。那么，借用莱斯涅尔教授本人的话说，生活“在国家意识之外”的“广大”居民何去何从呢？显然得把他们排除在外。对国家的“实际”存在而言，这些群众无关紧要。

从经济统一体的角度看，国家又当如何呢？或者说，关税边界（таможенная линия）也是意识形态的和心理的过程吗？这类问题不胜枚举，但其意思别无二致。国家不单是一种意识形态形式，同时也是一种社会存在形式。一个概念的意识形态主义，并不抹杀该概念所表达的那些关系的实在性和物质性。

---

① 语出《路德维希·费尔巴哈和德国古典哲学的终结》，参见《马克思恩格斯文集》第4卷，人民出版社2009年版，第307页。——译者注

② М. Рейснер，*Государство*，ч. I，изд. 2，стр. XXXV.（句中的强调为帕舒卡尼斯所加。——译者注）

我们可以理解一以贯之的新康德主义者凯尔森，他主张国家在规范层面亦即纯思想层面的客观性，从而不仅抛弃了物质的因素，还抛弃了实在的人类心灵。但我们不愿去把握一种妄图单纯运用主观体验的[所谓]马克思主义理论（亦即唯物主义理论）。然而，作为彼得拉日茨基（Петражицкий）心理学理论——这种理论把国家“分解”为一系列命令式-归属的情感——的追随者，莱斯涅尔教授在其近作中表明，他并不反对把这种观点同凯尔森的形式-逻辑的新康德主义观念结合起来。[①] 此种尝试当然为我们这位作者[即莱斯涅尔教授]的多才多艺增光添彩，但因此损害了方法论的连贯性和清晰性。因为二者居其一：要么国家（像彼得拉日茨基认为的那样）是一种意识形态过程，要么国家（像凯尔森认为的那样）是与展开于时间之中且服从因果律的任何过程毫无瓜葛的调整性理念。莱斯涅尔试图整合这两种观点，结果陷入一种绝无辩证性的矛盾。

国家领土、人口、政权等概念的形式完整性，不仅反映了特定的意识形态，而且反映了作为客观事实的辐辏型统治的形成和实际领域，因此首先反映了实际的行政-财政-军事组织的创设及其相应的人力物力。若没有交通手段，没有传达命令和指令、调动武装力量等方面的能力，国家即形同虚设。莱斯涅尔教授是不是认
为罗马军用道路或现代交通手段属于人类心灵的现象？或者他是 34
不是以为应从构成国家的因素中完全排除此类物质要素？果真如此的话，我们只好把国家的实在性等同于“文学、哲学等人类精神

① Сравн. М. Рейснер, “Социальная психология и учение Фрейда”, *Печать и Революция*, кн. III, 1925.

成果”的实在性。[①] 只可惜，围绕权力的政治斗争实践与这种心理学国家观格格不入，因为它处处要求我们直面客观物质因素。

在此我们必须注意到，莱斯涅尔教授所持的心理学观点必然导致没有出路的主观主义。“国家权力是千差万别的个体心理的创造物，也代表着千差万别的群体环境和阶级环境；在大臣和（尚未洞悉国家理念的）农民的意识和行为中，在政治活动家和坚定的无政府主义者的心目中，总之，在社会地位、职业活动、文化教养等各不相同的人们那里，国家权力自然是不一样的。”[②]由此可以十分清楚地看到，若止步于心理层面，我们也就不再有任何理由把国家作为某种客观统一体来谈论了。只有把国家视为实际的阶级统治组织——考虑到它的全部因素，其中包括不是心理层面而是物质层面的因素，而且这类因素居首位——我们才有稳固的立足点，也就是说，我们才能去研究国家的本来面貌，而非据以反映和体验着国家的那些花样繁多的主观形式。[③]

---

① Цит. соч.，стр. XLVIII.

② Ib.，стр. XXXV.

③ 莱斯涅尔教授［参见他的《社会心理学与弗洛伊德主义》（Социальная психология и фрейдизм）］在恩格斯致康拉德·施密特（Conrad Schmidt）的一封信里寻求自己观点的佐证，恩格斯在信中分析了概念和现象之间的关系问题。恩格斯以封建秩序为例指出，概念和现象的统一表现为一个本质上无止境的过程。恩格斯问道：“难道封建制度始终与它的概念相符合吗？……难道说，因为这种制度只是在巴勒斯坦有过短暂的十分典型的存在，而且很大程度上这也只是在纸上，它就是一种虚构吗？”（参见1895年3月12日恩格斯致康拉德·施米特，载《马克思恩格斯文集》第10卷，人民出版社2009年版，第695页。——译者注）但从恩格斯的这些论述中，根本得不出莱斯涅尔教授以下主张的正确性，即概念和现象的同一性。在恩格斯看来，封建制度的概念和封建秩序完全不是一码事。相反，恩格斯表明，封建制度永远不会与它的概念相符合，但它又始终保持为封建制度。封建制度的概念本身是一种抽象物，它立足于被我们称为封建秩

可是，如果法权形式的诸抽象规定性不仅指明了某些心理过程或意识形态过程，而且也是表达了客观社会关系的诸概念，那么 35
我们在什么意义上说“法调整着社会关系”呢？我们总不能说“社会关系调整着自身”吧？或者，当我们说“某种社会关系采取了法律形式”，这不应该是指“法采取了法的形式”这一单纯的同义反复。[①]

乍看之下，这种反对意见很有说服力，似乎我们别无选择，唯有承认法是而且仅仅是意识形态。不过，我们要努力解开难题。为了减轻该任务的负担，我们再一次借助于比较。我们知道，马克思主义政治经济学教导说，资本是一种社会关系。如马克思所言，它是不能用显微镜来发现的，然而，它也绝不仅限于体验、意识形态以及在人心中活动着的其他主观过程。它是一种客观的社会关系。再者，当我们观察到，（比方说）在小生产领域，从为顾客工作逐渐过渡到为采购商工作，我们说相应的关系采取了资本主义形式。这是否意味着我们陷入了同义反复？当然不是。我们只不过在说：被称为资本的这种社会关系开始给其他社会关系着色，或者

序的那套社会秩序的实际趋势。在历史的现实中，这些趋势跟其他无数趋势纵横交错，故我们在观察它们的时候无法依其逻辑上的纯粹形式，只能采用不同程度的近似物。这便是恩格斯说“概念和现象的统一是一个本质上无止境的过程”之时的用意。[本段注释中的“概念”一词，在俄文原著里是“идеи（理念、观念、思想）”。鉴于恩格斯本人的用词是“Begriff”，而他的文本又构成讨论的基础，我们在此调整了译法。我们一般把俄文单词“понятие”译成“概念”。本段注释中的“现象”对应着德文单词“Erscheinung”，亦译“显像”。此外，俄文原著里的“феодализм（封建制度、封建主义）”同时对应着德文版里的“Feudalität”和“Feudalismus”。——译者注]

① 试比较莱斯涅尔教授关于斯图契卡著作的评论（*Вестник Соц. Академии*，№ 1，стр. 176）。

按自己的样子塑造其他社会关系。这样一来，我们能够仅从客观方面考察一切正在发生的事情，将其看作物质过程，完全排除参与者的心理或意识形态。在对待法的时候，何不依样画葫芦呢？法本身作为一种社会关系，或多或少能给其他社会关系着色，或者按自己的样子塑造其他社会关系。当然，如果我们遵循着关于法的朦胧表象，即把它视为一般而言的形式，那么我们永远也无法从以上方面切入问题，就像庸俗政治经济学从作为“积累起来的一般劳动”的资本概念出发，故而无法参透资本主义关系的本质。

36 因此，如果我们通过分析法的各种基本规定性，能够表明法是某种**特殊**社会关系的神秘化形式，那么我们将得以摆脱前述的表面矛盾。届时以下断言就不是毫无意义了：在这样或那样的情况下，这种关系按自己的样子塑造其他某种社会关系，甚或社会关系的总和。

另一种所谓的同义反复（即“法调整着社会关系”）亦如此。如果我们撇开这一公式中固有的某种拟人观，它将简化为以下命题：在某些条件下，对社会关系的**调整带有法权性质**。这样的表述无疑更加准确，而且（主要是）更富历史性。我们不可否认，动物也有集体生活，而且这种生活受到一定方式的调整。但我们永远不会想到去声称蜜蜂或蚂蚁的关系受到**法**的调整。如果我们将目光转向原始民族，我们可在那里看到法的萌芽，但相当一部分关系是由法外方式（例如宗教戒律）来调整的。最后，即便在资产阶级社会中，人们除非持有十分肤浅的看法，被制定法、规章和命令等的外在形式所蒙蔽，否则不可能把邮政组织、铁路运输组织、军事组织之类的事物完全归入**法权**调整的范围。铁路时刻表对列车运行的调整，完全不同于（比方说）铁路责任法对铁路和托运人之间关系的调整。前一类调整主要在技术层面，后一类调整主要在法权层面。动员计划和兵役法、犯罪侦查指南和刑事诉讼法典之间的关系亦同此理。

我们后面还会谈到技术规范和法律规范的差别。目前我们仅限于指出，对社会关系的调整或多或少带有法权性质，即或多或少染上法所特有的基本关系呈现的那种色彩。

人们只有以十分肤浅的或纯形式的眼光看事情，才会以为对社会关系的调整或规范化在原则上是同质的，而且还是彻底法权性的。事实上，人类关系的不同领域在这方面有着显著区分。贡普洛维奇已在《法治国和社会主义》(*Rechtsstaat und Socialismus*) 37
中，鲜明地区分了私法和国家规范，他由此只愿意认可私法领域属于法律学的领地。实际上，（如果可以这样表达的话）法律雾障最坚固的核心恰恰在于私法关系领域。正是在这里，法律主体，[用拉丁文表述]即“persona”，恰如其分地体现于利己主义经济主体、所有者、私利担当者的具体人格（личности）。正是在私法中，法律思维的运动最流畅、最稳靠，而且它的建构采取了最完备、最严整的形态。在这里，罗马诉讼程序公式中的两个角色，即原告甲某（Авла Эгерия，拉丁文拼写为 Aulus Aegerius）和被告乙某（Нумерия Негидия，拉丁文拼写为 Numerius Negidius），他们的古典幽灵一直游荡在法学家面前，为其提供灵感。正是在私法中，法律思维的先天前提在手握权杖主张“他们的权利”的诉争双方那里得到血肉。在这里，法学家的理论家角色直接与他的实践社会功能融为一体。私法的教义不过是一连串无休止的、关于假想主

张和潜在诉争的正反考量。在体系性指南的每一节的背后，伫立着无形且抽象的委托人，他愿意援用相关条款作为咨询建议。法学上关于错误的意义或者关于证明责任分配的争议，与法庭上的争议如出一辙。此处的差别并不比骑士竞技和封建战役之间的差别更大。我们知道，骑士竞技有时十分惨烈，与实际战斗相比，在所要求付出的精力和牺牲方面不遑多让。唯有以有计划的社会生产和分配取代个体主义经济，人类理智力量的这种无谓损耗才会停止。①

可见，私利对立是采取法权调整的基本前提。它兼为法律形式的逻辑前提和法律上层建筑发展的实际原因。人们的行为可由
38 极为错综复杂的规则来调整，但在这种调整中，哪里开始出现利益的分化和对立，哪里就开始出现法律因素。贡普洛维奇说："纠纷是一切法律事物的基本元素。"与之相对，目标的统一乃是采取技术性调整的前提。因此，铁路责任方面的法律规范预设了私人的主张、私人的利益分化，而铁路运输方面的技术规范预设了统一的目标，比如达到运力的最大化。我们再举一个例子：对患者的治疗

① 要了解这种损耗达到怎样可观的地步，不妨参阅亚布洛奇科夫（Т. Яблочков）的短篇论著（"Суспензивное условие и бремя доказывания", *Юридический Вестник*, 1916, кн. XV），其中叙述了如下特定法律难题的历史和文献：当被告表示存在中止条件时，双方当事人之间如何分配证明责任？作者引证了论及该主题的不下50位学者，谈到早在后注释法学派那里就有这方面的文献，并告诉我们，人们为解决该难题而提出的两套"理论"将整个法学界划分为大致对等的两个阵营。作者钦佩于双方100年前就已提出如此异彩纷呈的论点（这显然无法阻止后来的研究者以不同方式重述这些论点），并且敬重那些善于学术论辩者的"分析的深度和方法论路数的机敏"。作者宣称，论争点燃了昂扬的斗志，以至于在论战如火如荼进行的时候，对手互相指责对方诽谤中伤、散布谣言、理论不道德不正直等。

预设了一系列针对患者自身和医务人员的规则，但只要这些规则的创设立足于统一的目标（即患者的康复），它们就带有技术性。这些规则的适用可能涉及某种关乎患者的强制。但是，只要我们从强制者和被强制者目标统一的角度看待这种强制，则它始终不过是技术层面的合目的性的举动。在此类框架内，规则的内容由医学确定，并随着医学的进步而改变。这里不关法学家的事情。一旦我们被迫放弃这种目标统一性的立场，转而按照另一观点，即按照彼此对抗的分立主体——其中每个主体都是其私人利益的担当者——的观点展开考察，法学家便开始有了用武之地。这时医患双方变成权利义务主体，约束他们的规则变成法律规范。与此同时，人们不再仅仅从合目的性的观点考察强制措施，也要看强制措施在形式上（亦即在法权上）是否得到许可。

不难看出，采取法律观点的可能性源于以下事实：在商品生产社会中至为纷繁的关系，是按照商业流通关系的样式展开的，因而合乎法的形式。同样，资产阶级法学家自然而然地基于以下理由得出法权形式的普遍主义：要么基于人性的各种永恒且绝对的属性，要么基于任何主题都在当局命令能够触及的范围内这一事实。39
后者不太需要证明。毕竟［《俄罗斯帝国法律全书》］第10卷里有一条，规定丈夫有义务“像爱护自己的身体那样爱护自己的妻子”。但就连最大胆的法学家，也不会为此建构一种可能引起官司之类的相应的法关系。

相反，无论这样或那样的法学建构看起来多么像是人为杜撰的、不实在的东西，只要它保持在私法（首先作为财产法）的范围内，它就有坚实的基础。否则便无法解释以下事实：古罗马法学家的主要思路至今保有其意义,仍然是一切商品生产社会的成文理性(ratio scripta)。

由此,我们在某种程度上预见到如何回答最初提出的那个问题,即到哪里寻找以法的形式作为其必然反映的独特社会关系。后面我们将力图更详细地证明,那种社会关系就是商品占有者的关系。[①] 我们能在任何法哲学中找到的通常分析,将法关系建构为首要关系,建构为一般而言的人们的意志关系。这里的思想出自“发展过程的既成结果”,出自“通用的思维方式”,并未交代这些东西的历史起源。而实际上,随着商品经济的发展,交换行为的自然前提遂成为一切人类交往的自然前提、自然形式,并将自身的印记打在那上面;相反,在哲学家的头脑中,商业行为仅仅表现为对他们来说取得永久地位的那种一般形式的特殊事例。[②]

从我们的观点来看,斯图契卡同志完全正确地把法的问题表
40 述为社会关系问题。但他没有着手探寻这种关系的独特的社会客观性,反而回到通常的形式性界定(尽管受制于阶级特征)。按照斯图契卡同志提出的一般公式,法不再表现为**独特的**社会关系,而

① 试比较阿多拉茨基(В. В. Адоратский)在《论国家》(*О государстве*, стр. 41)里面的说法:“法权意识形态对资产阶级社会正宗成员的整个思维方式的巨大影响,是由于它在资产阶级社会生活中的巨大作用。交换关系的订立,采取了买卖、借贷、雇佣等法律行为(юридических сделок,德文版译为 Rechtsgeschäfte)的形态。”他还指出:“生活在资产阶级社会中的人始终被视为权利义务主体,他每天做出无数的法律上之行为(юридических действий,德文版译为 juristischer Handlungen),引起形形色色的法律后果。因此,没有哪种社会像资产阶级社会这样亟须法理念(而且正是为了实际的日常用途)、详细拟定法理念或者把法理念变成日常周转的必要工具。”

② Сравн., *Капитал*, I, стр. 44, изд. 1920.(参见《马克思恩格斯文集》第 5 卷,人民出版社 2009 年版,第 93 页。——译者注)

是表现为一般关系的全部，表现为符合统治阶级利益并由其有组织的强制力加以保障的关系体系。因此，在这种阶级框架内，作为关系的法无法区别于一般社会关系，斯图契卡同志也就不再能够回答莱斯涅尔教授不怀好意的提问，即社会关系如何变为法律制度，或者法如何变为它自身？[①]

大概因为出自司法人民委员部，斯图契卡同志的定义因应了实务法律人的需要。这种定义表明了历史每每为法律逻辑定下的经验界限，但它没有向我们揭示这种逻辑的深层根脉。这种定义揭露了包藏于法律形式中的阶级内容，但它没有向我们阐明这种内容何以采取这样的形式。

资产阶级法哲学把法律交往看作一切人类交往的永恒且自然的形式，故而对它来说以上问题根本不成为问题。马克思主义理论力求洞穿各种社会形式的秘密，并把“人们的一切关系”归结为“人本身”，故而对它来说前述任务应当居于首位。

① 斯图契卡同志相信他已阐明这一点，并且比我的论著发表时间早一年（参见 *Революционная роль права и государства*，3 изд.，стр. 112，прим.）。依他之见，法作为特殊的社会关系体系，其特征在于得到有组织的阶级权力亦即阶级政权的支持。我当然早已知晓这种观点，但是现在，我经过再度阐明之后认为，在符合统治阶级利益并得到其有组织的强制力支持的那种关系体系中，可以而且应当甄别出主要为法权形式的发展提供质料的那些因素。

41

第三章　关系与规范[1]

鉴于资本主义社会的财富采取了庞大的商品堆积这一形式，该社会本身也就表现为无穷的法律关系链条。

商品交换预设了原子化的经济。私有且分立的经济单位之间的联系，处处通过交易来维持。主体间的法律关系，不过是已成为商品的劳动产品之间关系的另一面。这并未阻止某些法学家（例如彼得拉日茨基）本末倒置，其认为不是商品形式产生法的形式，而是正相反，政治经济学所研究的经济现象，代表着“由出自民法制度（即私有财产、债法、家庭法和继承法方面的制度）的典型动机所决定的人们的个体行为和群体行为”。[2] 法律关系是法权构造的最初细胞，法只有在其中才进行自己的现实运动。与之并列的作为规范总和的法，不过是一种无生命的抽象物。

因此，以凯尔森为首的规范学派——他们拒绝从法的实存角度去考察法，并将全部注意力集中于规范的形式含义——完全合乎逻辑地彻底否认主体间的关系：“［法］关系是面向法秩序的关

---

[1] 在1978年的英译本中，本章标题被误译为“规范与关系（Norm and Relation）”。——译者注

[2] Л. И. Петражицкий，*Введение в изучение права и нравственности*，т. I，стр. 77.（该书的英文节译本，参见 Leon Petrazycki，*Law and Morality*，translated by H. W. Bass，Harvard University Press，1955。——译者注）

系，确切地说是在法秩序之内的关系，而不是与法秩序相对的[法]主体之间的关系。”[①]

然而，依通常的见解，客观法或规范既在逻辑层面又作为真正的事实而被设为基础。按照这一表象，法关系是由客观规范产生的：“不是因为债权人通常会索债才存在关于索债权利的规范，相 42
反，债权人是因为存在这种规范才去索债；法的确立不是通过对所观察事例的抽象，而是通过对某人所立规则的演绎。”[②]

“规范产生法关系”这一表述可从双重含义上理解，即实际含义和逻辑含义。

我们先考虑第一层含义。首先，需要指出的是——法学家们也常常费尽心思促使彼此确信这一点——成文或不成文规范的总体就其本身而言属于语文创作的领域。[③] 这规范的总体之所以取得实际意义，只是由于那些被认为依照这些规则而产生的并且的确这样产生的关系。就连纯规范方法最一以贯之的倡导者凯尔森也不得不承认，理想规范秩序须以某种方式涉及一部分实际生活（即人们事实上的行为）。[④] 事实上，例如，只有住在疯人院的人，才会认为沙俄的制定法是现今有效力的法。形式-法学的方法只关心规范，只关心“依法认定的东西”，因而只能在极其狭窄的范围内维系自身的独立性，直至事实与规范之间的张力突破了一定极

① Kelsen, *Das Problem der Souveränität*, 1920, стр. 125.

② Шершеневич, *Общая теория права*, 1910, стр. 274.

③ “需要注意的是，制定法仅在实施的时候才产生法，届时规范离开自己‘纸面上的’实存，从而体现为人们生活中的一种力量。”A. Ferneck, *Die Rechtswidrigkeit*, 1903, стр. 11.

④ H. Kelsen, *Der soziologische und der juristische Staatsbegriff*, 1922, стр. 96.

限。在物质的现实中，关系凌驾于规范之上。如果没有债务人清偿债务，那人们就不得不承认相关规则实际上并不存在，而如果我们依然希望断言它的存在，我们就不得不以某种方式建立这一规范的拜物教。众多法理论沉迷于如此这般建立拜物教的做法，且用十分精致的方法论考量并加以证立。

作为客观社会现象的法不可能被规范或规则所穷尽，无论它是成文的还是不成文的。规范本身，亦即它的逻辑内容，要么直接源于现存关系，要么（如果作为国家制定法颁布出来的话）只是人
43 们据以有一定把握地判定相应关系行将现身的征兆。但是，要断定法的客观存在，单单了解法的规范内容是不够的，我们还得弄清这种规范内容有没有在生活中（即在社会关系中）落实。这方面的错误通常来自教义论法学家的思维方式，在他看来“有效力的规范”这一概念有特定含义，与社会学家或历史学家所理解的法的客观存在不是一回事。教义论法学家在判定某个法规范是否有效力的时候，往往不是要查明有无某种客观社会现象，而只是要查明那个规范条款与更一般的规范前提之间有无逻辑联系。[①]

因此，对教义论法学家来说，在其纯技术性任务的狭窄范围内，实际上除了规范别无他物，他能够坦然地把法和规范等量齐观。如果面对习惯法，他只好不情不愿地转向现实；如果对法学家而言的最高规范前提，或者（套用法言法语）法的渊源，乃是国家制

① 顺便说一下，我们在俄语里面运用来自同一词根的名称表示“有实效的（действительного）”法和“有效力的（действующего）”法。德语则使用截然有别的动词来简化逻辑区分，即“wirken”（意思是有实效、得到施行）和“gelten”（意思是有意义，即与更一般的规范前提具有逻辑联系）。（德文版没有这条脚注。——译者注）

定法，那么，教义论法学家关于“有效力的”法的推理，对一位想要研究现实存在的法的历史学家来说全无必要。科学研究（即理论研究）只能从事实着想。假如一定的关系确已形成，这意味着相应的法已经浮现；假如制定法或法令只是被颁布出来而相应的关系没有出现在实践中，这意味着有过创建法的尝试但此种尝试已告失败。这种观点绝不意味着否认阶级意志乃是一种发展因素，绝不意味着拒绝社会发展进程中的有计划的干预，也绝不意味着“经济主义（экономизма）”、宿命论或其他恶劣的东西。政治革命行动能有许多作为；今日尚不存在的事情，它可以在明日办到，但是过去明明没有的事情，它无法令其存在于过去。另一方面，如果我们断言建筑物的建造意图甚至建筑物的规划还不是现实的建筑物，
那么决不能由此以为建筑物的建造不需要意图或者规划。但当事 44
情还停留在规划的阶段，我们就不能断言建筑物已经落成。

然而，可对前面的论点稍做修改，不去聚焦于规范本身，而去聚焦于社会中有效的客观调整力量，或曰（套用法言法语）客观的法秩序。[①]

即便是这种重新表述的论点，也可能受到进一步的批判。我们如果把社会调整力量理解为就其规律性和恒常性而言的同一些关系，就会陷入单纯的同义反复；我们如果把社会调整力量理解为专门的、有意组织起来的、用以保障和守护那些关系的规矩，那种

---

① 此外应该指出的是，社会调整活动可以在没有预定规范的情况下展开。所谓的司法造法的事实，令我们相信这一点。在那些毫不了解集权立法的时代，司法造法的意义尤为突出。因此，从外面给定的现成规范的概念，对古代日耳曼法庭来说是完全陌生的。对陪审者来说，一切类型的规则汇编都不是有拘束力的制定法，而是供其形成自身判断的辅助训导手段。Stintzing，*Geschichte der Deutschen Rechtswissenschaft*，1880，т. I，стр. 39.

逻辑错误就会显露无遗。我们不能说债权人和债务人之间的关系，是由存在于该国的强制性债务追偿规矩所**产生**的。这一客观存在的规矩**保障着**、**守护着**前述关系，但绝没有**产生**前述关系。这可不是经院式的语词之争，以下情况即为明证：我们可以设想（并可以找到相关历史实例）这种外部的强制性社会调整机制在运作时的完善程度各不相同，从而对特定关系的保障程度各不相同，但这些关系就其构成而言不会经受任何变化。我们不妨设想这样一种极端情形，即除了进入关系的双方当事人之外，没有任何其他第三方力量能够设定规范并保障其执行，例如瓦良格人和希腊人之
45 间的条约——关系在这种情况下仍得维续。① 然而，只需设想一方当事人（即身为独立自主利益担当者的某一主体）的消失，关系的可能性本身也就随之化为泡影。

有人可能对此表示反对，认为如果我们抛开客观规范，法关系和主体这对概念本身也就悬而不决、无从界定了。这种反对意见表现出现代法律学那深刻实用性的和经验性的精神，现代法律学只信奉一条真理，即当事人如果不能以制定法的相应条款为根据，势必输掉官司。但是，从理论上讲，“主体和法关系在客观规范之外并不存在”这一信念，和“价值在供求关系之外既不存在，而且也无从确定，因为价值只在价格波动中有其经验表现”这一信念同样错误。

---

① 整套封建的法体系，立足于此类非由“第三方力量”保障的契约关系。现代国际法同样不涉及外部的有组织的强制。这种无保障的法关系当然并不稳定，但不能据此一概否定其存在。绝对稳定的法根本不存在于自然之中；另一方面，“健全的”现代资产阶级国家中的私法关系的稳定性，决不单单取决于警察和法院。清偿债务不仅是因为“迟早要被追索”，也是为了保全未来的信用。拒绝承兑票据的行为在“商业”世界里引起的实践后果，十分清楚地说明了这一点。

当下主流的法律思维方式把（作为权威创设的行为规则的）规范摆在首位，具有同样深切的经验主义特征（它跟毫无生气的极端形式主义形影不离），就像我们在经济理论中观察到的那样。

关于任何对象（包括那些根本不是劳动产品的对象）都可能存在需求和供给。人们由此得出这样的结论：价值的确定完全不用联系生产某样东西所需的社会必要时间。个体的评价这一经验事实，在此担当形式-逻辑的边际效用论的基础。

同样，国家颁行的规范能够涉及五花八门的对象，并且具有千差万别的特征。人们由此得出这样的结论：源自最高权威的命令规范或指令规范穷尽了法的本质，社会关系的质料本身中并无显著催生法权形式的要素。

受国家保护的关系更加安稳，这一经验事实是形式-逻辑的法律实证主义理论的基础。

若套用马克思的唯物史观，则我们正在说明的问题就被化约 46
为法律上层建筑和政治上层建筑之间的相互关系难题。

如果承认规范在一切方面都是首要因素，那么在寻找任何法律上层建筑之前，我们应当假定有创设规范的权威（即政治组织）。于是我们就得做出这样的结论：法律上层建筑是政治上层建筑的结果。

然而，马克思本人强调如下事实：法律上层建筑最深处的基层，亦即财产关系，如此紧紧地挨着［经济］基础，以至于财产关系只是“生产关系的法律用语”。① 国家，亦即政治上的阶级统治的

① 语出《〈政治经济学批判〉序言》，参见《马克思恩格斯全集》第 31 卷，人民出版社 1998 年版，第 412 页。——译者注

组织，从这些生产关系或财产关系的土壤中成长起来。生产关系及其法律表达，构成了马克思（追随黑格尔）所称的市民社会。政治上层建筑，特别是官方的国家体制，是次要的、衍生的因素。

马克思如何设想市民社会与国家的关系，这至少可从下面的引文窥知一二：

“市民社会的利己主义的个人在他那非感性的观念和无生命的抽象中可以把自己夸耀为原子，即同任何东西毫无关系的、自满自足的、没有需要的、绝对充实的、极乐世界的存在物。而非极乐世界的感性的现实却决不理会他这种想象，他的每一种感觉都迫使他相信他身外的世界和个人的意义，甚至他那世俗的胃也每天都在提醒他：身外的世界并不是空虚的，而是真正使人充实的东西。他的每一种本质活动和特性，他的每一种生命欲望都会成为一种需要，成为一种把他的私欲变为追求身外其他事物和其他人的需求。但是，因为一个个人的需要，对于另一个拥有满足这种需要的手段的利己主义的个人来说，并没有什么不言自明的意义，就是说，同这种需要的满足并没有任何直接的联系，所以每一个个人都必须建立这种联系，为此，每一个个人都同样要成为他人的需要和这种需要的对象之间的牵线者。可见，正是自然必然性、人的本
47 质特性（不管它们是以怎样的异化形式表现出来）、**利益**把市民社会的成员联合起来。**他们之间的现实的纽带是市民生活，而不是政治生活**。因此，把市民社会的原子联合起来的不是国家，而是如下的事实：他们只是在观念中、在自己想象的天堂中才是原子，而实际上他们是和原子截然不同的存在物，就是说，他们不是超凡入圣的利己主义者，而是利己主义的人。**在今天，只有政治上的迷信**

还会妄想，市民生活必须由国家来维系，其实恰恰相反，国家是由市民生活来维系的。"①

马克思在另一篇文章即《道德化的批判和批判化的道德》里面，回到了与之同样的问题，他在文中跟"真正的社会主义"的代表人物海因岑（Heinzen）争论时写道："其实，如果资产阶级从政治上即利用国家权力来'维持财产关系上的不公平'［马克思引用海因岑的话——帕舒卡尼斯注］，它是不会成功的。'财产关系上的不公平'以现代分工、现代交换形式、竞争、积聚等等为前提，决不是来自资产阶级的政治统治，相反，资产阶级的政治统治倒是来自这些被资产阶级经济学家宣布为必然规律和永恒规律的现代生产关系。"②

① *Heilige Familie* (Fr. Mering, *Gesammelte Schriften von Karl Marx und Fr. Engels*, II, стр. 227).（《马克思恩格斯文集》第1卷，人民出版社2009年版，第321—322页。须注意，引文中的强调处，不同于马克思原著中的强调处。此外，这段引文中的"个人"所对应的俄文单词"индивидуум"，在本书其他地方一般译为"个体"。——译者注）

② *Nachlass*, II, стр. 455.（《马克思恩格斯选集》第1卷，人民出版社1972年版，第171页。须注意，引文中的强调处，不同于马克思原著中的强调处。——译者注）当然，若是由此得出以下结论，那就大错特错了：政治组织通常不起作用，特别是无产阶级不应力图取得国家政权，因为据说这不是"最要紧的事"。宣扬"直接行动"的工团主义者就犯了这样的错误。改良主义者的学说同样有深刻的误解，他们牢记一条真理，即"资产阶级的政治统治源于生产关系"这一真理，并据此认定无产阶级的暴力政治革命既不可能，又无的放矢，也就是说，改良主义者把马克思主义变成了宿命论的、本质上反革命的学说。当然，实际上，正是作为资产阶级政治统治来源的那些生产关系，在其发展中为无产阶级政治力量的壮大，终而为无产阶级在政治上战胜资产阶级创造了前提。仅当我们有意无意地站在资产阶级那边而反对工人阶级时，才可能无视这种历史的辩证法。我们在此仅限于提出这些粗略的见解，因为我们这里的任务，不是去反驳那些从马克思"基础与上层建筑"学说得出的错误结论（尤其鉴于革命的马克思主义在跟工团主义和改良主义做斗争的时候，已经出色地完成这一工作），而是从这种历史理论中提炼出有助于分析法的结构的某些观点。

48 因此，从生产关系到法权关系或者财产关系的路径，比所谓的实证主义法律学以为的更短，后者离不开中介环节，即国家权力及其规范。在社会中从事生产的人，是经济理论赖以出发的前提。法的一般理论既然涉及基本的定义，就应当从同样基本的前提出发。因此，例如，要出现关于买卖契约的法律关系，就得有经济交换关系。借助于制定法，政治权力能以多样的方式，对前述法律行为的形式与内容加以调整、变更、制约和具体化。制定法能够十分详尽地规定买卖的标的物、方式、条件和主体。

教义论法律学由此得出结论：法律关系的所有本质要素，包括主体本身，都是由规范产生的。实际上，一切具体规范获得意义的基本前提，当然是商品-货币经济的存在。只有在这个前提下，法律主体才以利己主义经济主体的人格作为自己的实质基质，制定法只是该主体的发现者而非创立者。倘若缺少该基质，相应的法律关系就成为无法先天地加以构想的东西。

如果我们从动态的、历史的层面考虑，问题就变得更加明朗。在这种情况下我们看到，经济关系在自身的实际运动中，如何成为法律关系的渊源，而法律关系首先诞生于纠纷环节。正是纠纷、利益冲突唤醒了法的形式、法律上层建筑。在纠纷中，亦即在诉讼程序中，经济主体扮演着当事人亦即法律上层建筑参与者的角色。即便处于最原始的形式，法庭也是首要的法律上层建筑。通过司法程序，法律因素从经济因素中抽象出来，充当独立的因素。法在历史上始于纠纷，亦即始于诉讼，只是后来容纳了先前的纯粹经济关系或事实关系，这些关系由此才开始取得双重的即经济的兼法律的方面。教义论法律学忘记了这一顺序，并直接把完成的结果，把抽象的规范作为出发点，国家可以说以这些抽象规范填满了全部空间，为其中发生的一切行为赋予法律的性质。按照这种简单化的表象，在买卖、借贷等关系中，基本的决定因素不是这些关系 49
的实质经济内容，而是以国家名义向个人发布的命令；实务法律人的这种出发点，不但不能用于研究和说明具体的法权秩序，而且尤其不能用于分析最一般规定性层面的法权形式。国家权力为法权结构带来了清晰性和稳定性，但没有创立法权结构的前提，这些前提根植于物质的亦即生产的关系。

我们知道，贡普洛维奇（在他的《法治国和社会主义》中）得出了恰好相反的结论，他宣称国家（即政治统治）居于首位。他转向罗马法的历史，认为自己证明了“一切私法都曾经是国家法”。依他之见，该论断基于如下事实：罗马市民法的一切主要制度最初都是作为统治阶级的特权，作为公法上的优先权，以巩固获胜集团手中的权力为己任。

不可否认这套理论的说服力，因为它强调了阶级斗争的因素，并终结了关于私有财产起源和政权起源的田园牧歌式表象。然而，贡普洛维奇犯下两大错误。第一，他为暴力本身赋予了形式构成性的（формообразующее）意义，完全忽视了以下事实，即任何社会秩序（包括基于征服的社会秩序）都取决于一定的社会生产力状况。第二，他在谈论国家时，将原始统治关系和现代（即资产阶级）意义上的“公共权威”之间的区分一笔抹杀。于是，他得出结论：私法是由公法产生的。可是，既然古罗马市民法（jus civile）的主要制度（财产、家庭、继承顺位）是统治阶级为维护自身统治而创建的，我们也可以从中得出完全相反的结论，即“一切国家法都曾经是私法”。这一结论[跟贡普洛维奇的结论]同样正确，或者毋宁说是同样错误，因为私法与公法的对立对应着远为发达的关系，而一旦被用于原始时代就失去意义了。如果说市民法的制度确系（借用现代术语来说）公法因素和私法因素的混合物，那么市民法的制
50 度也在同样程度上包含着宗教因素以及（在广义上）礼法因素。因此，在这样的发展阶段上，纯法律的因素无法分离出来，更谈不上在一般概念的体系中得到反映。

法作为一个体系发展起来，不是由于统治的需要，而是由于跟未纳入统一势力范围的那些部落开展贸易的需要。而贡普洛维奇本人也承认这一点。[1] 跟境外部落、跟外来人口、跟平民，总而言之，跟不属于（借用贡普洛维奇的用语）公法联合体的人们的商业交往，催生了万民法（jus gentium），它是最纯粹的法律上层建筑原型。与市民法及其烦冗笨拙的形式相反，万民法抛开了无关乎基础经济关系的目的或本性的一切东西。它遵循这种基础经济关系的本性，因此看起来像是“自然”法；它力求把这种关系简化为最少量的前提，因此很容易发展为逻辑严整的体系。贡普洛维奇将专门的法律逻辑等同于民法学家的逻辑，[2]这一点无疑是正确的，但他误认为私法体系是由于掌权者的默许而得以发展起来的。他的思路大致如下：鉴于当时私人纠纷没有直接地或实质性地影响当

① См.，*Rechtsstaat und Socialismus*，§ 36.

② 法的各种一般规定在漫长岁月中是作为民法理论的一部分而发展起来的，这一事实同样表明法律逻辑本身和民法学家的逻辑之间的深刻内在联系。只有以十分肤浅的眼光看问题，就像卡韦林（Кавелин）那样，才会把上述事实单单归因于错误或误解。Сравн. Кавелин，*Собрание сочинений*，т. IV，стр. 838.

局的利益，当局也就放任法学家阶层在这一领域完全自由地开发自己的智识能力。[1] 相反，在国家法的领域，法学家的努力常常遭到现实的无情羞辱，因为当局在自己的事务中不容许任何人插手，也不承认法律逻辑无所不能。

显而易见，诸法律概念的逻辑对应着商品生产社会之社会关系的逻辑，而且我们正应在其中（亦即在这些关系中）而非首领的许可中寻找私法体系的根脉。相反，权威和服从的关系的逻辑，只是部分地合乎法律概念体系。因此，法学立场的国家观决不可能成为理论，而是始终表现为对于事实的意识形态歪曲。

于是，但凡摆在面前的是法律上层建筑的基层，我们总是发现 51
法律关系直接产生自人们当前的物质生产关系。

由此可见，要分析最简单形态的法关系，不必始于作为外部权威命令的规范的概念。只消把其“内容是由……经济关系本身决定的”（马克思语）[2]法律关系当作基础，并将这种法律关系的法定形式当作个案加以研究。

在实际历史层面提出的疑问，即是否应把规范视为法律关系的前提，将我们引向法律上层建筑和政治上层建筑之间的相互关系难题。在逻辑和体系的层面，那个问题向我们表现为客观法和主观法的相互关系难题。

狄骥（Duguit）在自己的宪法教科书中提请读者注意：“‘法’这同一个词，被用于表示显然彼此深刻渗透但又判然有别的两种东

① См. цит. соч., § 32.

② 参见《马克思恩格斯文集》第 5 卷，人民出版社 2009 年版，第 103 页。这里“决定”一词对应着俄文“дано”和德文“gegeben”，意思是给定、给予、赋予。——译者注

西。”他是指客观意义上的法和主观意义上的法。[①] 实际上，我们在此进入法的一般理论最幽暗、最有争议的地带之一。我们所面对的是法概念的某种奇特的二元性，它的两个方面虽处于不同层面，但无疑是相互制约的。法在一方面是外部权威性调整的形式，同时在另一方面是主观私意自治的形式。[法的]主要的和本质的东西，在一种情况下显示为无条件的义务和外部强制，在另一种情况下显示为一定范围内受到保障和承认的自由。法要么充当社会组织的原则，要么充当个体借以“分立于社会中”的手段。在一种情况下，法可以说与外部权威完全融合，在另一种情况下，法与任何不承认它的外部权威完全对立。作为官方国家制度同义词的法，和作为革命斗争口号的法——此处乃是聚讼不已、七颠八倒的领域。

人们意识到在此隐藏的深刻矛盾，遂纷纷努力设法消除两种[法]概念间的这种令人不快的分裂。抱着这样的目的，已有不少人尝试牺牲其中一种“含义”而成全另一种。于是，例如，还是那位狄骥，他既在自己的教科书中宣称客观法和主观法这类提法“贴
52 切、清晰而且准确”，又在他另一部著作中想方设法地证明：主观法不过是一种误解，是“**在我们这样的现实主义和实证主义时代站不住脚的一种形而上学观念**”。[②]

① 参见 Leon Duguit，*Études de droit public*，2 vols.，1901—1903。——译者注

② Л. Дюги，*Общие преобразования гражданского права*，Перевод с французского М. М. Сиверс，стр. 15.［此处引证的是狄骥《〈拿破仑法典〉以来私法的一般变迁》的俄译本，俄译本标题直译为《民法的一般变迁》，未标注出版时间。该书的主要内容是狄骥1911年在阿根廷布宜诺斯艾利斯法学院的演讲稿，在民国时期曾由徐砥平根据法文译出，1937年由上海会文堂新记书局出版，后由徐菲勘校，2003年收入何勤华教授在中国政法大学出版社主编的“中国近代法学译丛”。法文原著标题中的“générales”被中译者

德国的比尔林(Bierling)和我国以彼得拉日茨基为首的心理学[法学]家,代表着与之相对立的思潮。他们反其道而行,宣称客观法是“幻象”,是失去实际意义的“情感投射”,是内心亦即心理过程的客观化产物,等等。①

我们暂且放下心理[法]学派及其同源思潮,来考察这样一种观点,即必须把法单单理解为客观规范。

从这样的理解出发,我们一方面有了关于应然事物的权威指令,或曰规范,另一方面有了与此相应且由此产生的主观义务。

二元论似被彻底消除,但这不过是臆想中的克服。因为我们一旦着手实际应用这项公式,那么,引入主观法概念之一切必备构成要素的尝试,届时就立刻以迂回的、间接的方式开始了。我们再

译成“普通”。《法的一般理论与马克思主义》的德译本没有说明引文出处,只是在正文加注了“(1913)”这一存疑的发表时间。布罗姆(Jean-Marie Brohm)的法译本(第86页)误认为这处引文出自狄骥的《公法的变迁》(*Les Transformations du droit public*,1913年巴黎版),而参考过法译本的艾因霍恩(Barbara Einhorn)英译本也直接继承了这一错误,但二者皆未给出具体页码(这意味着并未查到狄骥的表述)。我们全文检索了《公法的变迁》的法文版,并未发现类似内容。相反,我们倒可以在《〈拿破仑法典〉以来私法的一般变迁》的法文版中找到对应表述,参见 Leon Duguit,*Les Transformations générales du Droit privé depuis le Code Napoléon*,Librairie Félix Alcan,1912,p. 13。我们看到,狄骥的表述有别于《法的一般理论与马克思主义》法译本中的相应文字,这进一步佐证了以下猜测:译者布罗姆并未在此实际参阅狄骥的法文原著。中译本《〈拿破仑法典〉以来私法的普通变迁》(2003年版,第13页)是这样翻译的:“主观法权……是玄妙的观念,不能再存在于我们之实验主义的时代。”——译者注]

① 例如,试比较比尔林的说法:“把法首先看作某种客观的、自在地实存于参与法权交往者之上的东西,这样的愿望符合人类精神的一般倾向。它当然有一定的实践价值;但我们不可因此忘记,客观法纵然在成文法那里获得了特有的外在形式,但也始终只是我们关于法的一种看法,而且恰如我们的精神生活的任何其他产物那样,其实只是在人的心灵中,尤其是在参与法权交往者本身的心灵中才有其真正的实存。”Bierling,*Juristische Prinzipienlehre*,т. I,1894,стр. 145.[在德文版的比尔林引文表述中,最后半句的主语是“真实层面的法本身(das Recht selbst in Wahrheit)”。——译者注]

次面对着同样的两方面，而唯一的差别在于，其中的一方面，即主观法，被人为地描绘成某种幽影，因为命令和义务的任何结合物都不会带给我们独立且完全实际意义上的主观法，这种意义上的主观法化身为资产阶级社会中的任一所有者。事实上，仅以财产为例就足可使人信服这一点。如果说尝试把财产权化约为针对第三方的禁令，不过是逻辑上的牵强附会、畸形的翻转构造，那么将资
53 产阶级财产权描绘成社会义务也同样是虚伪的。①

① 戈伊赫巴尔格（А. Г. Гойхбарг）在他关于《俄罗斯苏维埃联邦社会主义共和国民法典》（*Гражданскому кодексу РСФСР*）的评注中强调，先进的资产阶级法学家们已不再把私人所有权视为任意的主观法［即权利］，而将其看作个人所承接的并且关乎面向整体之积极义务的福祉。戈伊赫巴尔格特别援引了狄骥，后者主张：资本持有者只是因为如下理由且在如下范围内才应受到法的保护，即资本持有者通过正确运用自己手里的资本，履行了具有社会效益的职能。

当然，资产阶级法学家的这类议论十分典型，因为它们是资本主义时代没落的先兆。但另一方面，如果说资产阶级允许议论所有权的社会职能这一主题，那是因为这类议论不会真的使所有权承担什么责任。毕竟所有权的真正对立面不是被设想为某种社会职能的所有权，而是社会主义计划经济，亦即所有权的消灭。因为私人所有权的意义、它的主观主义不在于每人“吃自己的那块面包”，亦即不在于个体的消费（哪怕是生产性消费）行为，而在于流通，在于取得和转让的行为，在于商品交换，其中的社会经济目的只是私人目的和私人自主决断的盲目结果。

狄骥断言所有者仅当履行其社会义务的时候才会得到保护——这么笼统的断言没什么意义。就资产阶级国家而言，这种断言是虚伪的；就无产阶级国家而言，这种断言遮蔽了事实。毕竟，无产阶级国家若能向每个所有者直接指定他的社会职能，那就等于剥夺所有者的财产处分权。既然它不可能以合乎经济的方式这样做，这就意味着它不得不保护私人利益本身，只不过对其施加一定量的限制。以下说法乃是幻念，即每个在苏联境内积攒起一定量钞票的人之所以受到我国制定法和法院的保护，只是因为他已经或将要为这些积攒起来的钞票找到具有社会效益的用途。此外，戈伊赫巴尔格似乎完全忽视了最抽象形式亦即货币形式的资本的所有权，其论证仿佛资本仅仅存在于生产资本这一具体物质形式之中。私人所有权的反社会方面仅能在事实上加以消除，即通过牺牲市场经济来发展社会主义计划经济。纵然是西方最先进法学家提出的公式，也不能把基于我们民法典而订立的一切法律行为转变为具有社会效益的法律行为，把每位所有者转变为履行社会职能的个人。像这样在言辞上克服私有经济和私法，只能把在现实中克服它们的前景弄模糊。

每位所有者以及他周围的一切人都非常清楚地懂得，身为所有者的**他得享的权利**，与义务的相通之处只在于二者是针锋相对的两极。主观法是基本的东西，因为它最终基于物质利益，后者的存在独立于对社会生活的外在调整亦即刻意调整。

主体作为一切可能的请求的担当者和接收者——由相互之间的请求联结起来的主体序列——是基本的法律构造，它对应着经济构造，也就是基于分工和交换的社会生产关系。

拥有强制手段的社会组织，是我们在预先理解最纯粹、最简单形态的法关系之后，必须接着考察的具体总体。于是，在考虑法权形式的时候，作为命令或指令之结果的义务，将成为起到具体化和复杂化作用的因素。最抽象、最简单形态的法律义务，应被视为主体的权利主张的反映和关联物。在分析法律关系的时候，我们十分清楚地看到，义务并没有穷尽法权形式的逻辑内容。义务甚至不是它的独立要素。义务总是表现为己方权利的反映或关联物。
一方当事人的债，是亏欠并且系于另一方当事人的东西。债权人 54
这一方的权利，就是债务人那一方的义务。法这个范畴只有在它囊括了权利的担当者和所有者的条件下，才能在逻辑上告成，而其权利无非是别人对其的义务。法的这种双边性一再受到彼得拉日茨基的特别强调，他自己专门创立的心理学[法]理论为之提供了一种十分脆弱的基础。但需要指出的是，权利和义务的相互关系，已由其他法学家在心理主义之外予以十分清楚地表述。①

---

① См., напр., Merkel, *Juristische Enzyklopädie*, 1885, § 146 и след. Коркунов, *Энциклопедия права*.

因此，法律关系不仅向我们提供了实际运动中的法，而且揭示了作为逻辑范畴的法的最典型特征。与之相对，作为当为指令的规范本身，既构成法的要素，也同样构成道德、审美和技术的要素。

技术和法的区别，完全不像阿列克谢耶夫（И. Алексеев）所以为的那样，[①]即技术预设外在于其质料的目的，而就法秩序来说，其中每位参与者都表现为目的本身。我们稍后会指出，对法秩序来说的“目的本身”不过是商品流通。就教师或外科医师的技术而
55 言——前者以孩子的心灵作为质料，后者以接受手术者的机体作为质料——大概不会有人否认这类质料本身就包含着目的。

法秩序与其他一切社会秩序之间的区别，就在于法秩序依托于分立的私主体。法规范之所以得到它的种差（differentia specifica），从而有别于通常的那堆调整规则（伦理生活规则、审美规则、功利主义规则等），就是因为它预设了被赋予权利且据此积极主张权利的个人。[②]

试图让外在调整的理念成为法中的基本逻辑因素，会使法等同于权威创建的社会秩序。这股法学思潮忠实反映了这样的时代精神，即大资本主义垄断和帝国主义政策取代了曼彻斯特精神和自由竞争。

比起“人和公民永恒的、不可让渡的权利”，强权和纲纪更为金融资本所看重。资本主义所有者已经蜕变为红利和股票交易差额

① См.，*Введение в изучение права*，стр. 114.

② “法不会白白提供给需要它的人。”Муромцев，*Образование права*，1885，стр. 33.

的领受者，对待“神圣的财产权”不可能不带有几分玩世不恭。[1]请看耶林（Ihering）关于“行情操纵和投机倒把的泥淖”——“健全的法感情”已在其中泯灭——的滑稽叹惋。[2]

不难证明，“无条件服从那创制规范的外部权威”这一理念与法权形式无关。只消举出极易想见因而明明白白的事例来说明这种结构即可。且拿军事体制来说吧，在其中，许多人在行动时服从他们所接到的统一命令，长官意志是唯一主动的、自主的原则。或者再举出耶稣会的例子，在其中，所有会士均盲目地、无条件地贯彻领袖的意志。思索这些事例即可得出结论：将独立自主意志的任何迹象一概排除的权威性调整原则越是得到融贯运用，法的范畴就越没有用武之地。人们在所谓公法的领域可以特别强烈地感受到这一点。法学理论正是在此处遇到最大障碍。总的说来，正

是马克思所描绘的政治国家与市民社会相分离这一现象，反映为 56

法的一般理论中的两个独立问题，其中每个问题都在体系中占据特定的位置，并有彼此独立的解决方案。第一个问题带有纯粹抽象的特征，其要点在于基本概念如前所述分裂为两方面。主观法是利己主义者亦即市民社会成员所特有的，这种人“封闭于自己的私人利益和自己的私人任意行为，脱离共同体”。客观法是整个资产阶级国家的表达，而国家“只有同自己的这些要素处于对立的状

① 后半句的对应原文疑误，很可能多了一个否定词“не”，导致这句话不仅表述十分别扭，而且含义也令人费解，因此参照德译本和英译本改动。——译者注

② Иеринг, *Борьба за право*, пер. С. Ершова, стр. 46.

态，它才感到自己是政治国家，才会实现自己的普遍性”。[①]

主观法和客观法的问题，就是以最一般的哲学形式提出的、关于身为市民之人和身为国家成员（即公民）之人的问题。而这个问题又以更具体的形式重现，即作为公法和私法的问题。这里，事情就归结为划定法的某些实际存在的领域，归结为分门别类地安排历史上建立的制度。显而易见，教义论法律学及其形式-逻辑的方法解决不了第一个问题，也解决不了第二个问题，而且无法澄清两个问题之间的联系。

公法和私法的划分显出特别的困难，因为唯有在抽象中才可能区分以下二者：其一是作为市民社会成员的人的利己主义利益，其二是政治整体的普遍抽象利益。实际上，这些因素相互渗透。因此，不可能指出这样一些具体的法权制度，它们完全地、毫无保留地和纯粹地体现出臭名昭著的私人利益。

另一困难在于，法学家即便或多或少成功地在公法制度和私法制度之间划出经验的分界线，但又在其中每个领域的范围内碰到同样的问题，这个看似已经解决的问题此时具有不同的、抽象的提法：这个问题向他表现为主观法和客观法之间的矛盾。主观公权利乃是重现的、经过某些转变的私权利（以及私人利益），这类权利侵入了如下领域，在其中，客观法规范所反映的非人格性普遍利益本应占据统治地位。但尽管民法学——它涉及法权的最基
57 层——广泛而坚定地运用主观权利的概念，在公法理论中运用这

① 语出《论犹太人问题》，参见《马克思恩格斯文集》第1卷，人民出版社2009年版，第30、42页。——译者注

个概念却处处引起误解和矛盾。因此,民法学体系具有简洁、清晰、完备的特点,而国家法理论则充斥着有张力的、人为的、片面的甚至丑陋的建构物。法的形式及其主观权能的方面,产生于分立的利己主义私利担当者所组成的社会。当一切经济生活根据独立意志的合意原则建立起来时,任何社会职能都会带上某种法权特征,也就是说,它不单成为社会职能,而且成为职能实施者的权利。但既然按照政治组织的本性,私人利益在其中不能像在资产阶级社会的经济中那样,获得如此充分的发展和如此重大的意义,于是主观公权利就表现为缺乏根基的暂时事物,一直饱受质疑。与此同时,国家并不是法律上层建筑,而只能被设想为这样的东西。[①]

法学理论不能把“议会的权利”“行政当局的权利”等,与(比方说)债权人索债的权利混为一谈,因为这样就意味着,在资产阶级意识形态假定由普遍的非人格性国家利益来统治的地方,摆着的却是分立的私人利益。但与此同时,每位法学家都明白,如果法律形式总的来说尚未从其手中脱落,他就不能为那些权利赋予任何其他的原则性内容。国家法只能作为私法形式在政治组织领域中的映象而存在,否则它就根本不再是法。将社会职能按其本来面目(即单纯作为社会职能)来描绘、将规范单纯作为组织规则来描绘的每一次尝试,都意味着法权形式的消灭。但是,对法权形式和法权意识形态的这种克服,以特定的社会状态为其现实前提,即在那种社会状态中,个体利益和社会利益之间的矛盾已被化解。

① “对法学认识而言,事情仅仅涉及对以下问题的回答,即我应当如何从法学角度设想国家。”Jellinek,*System der subjektiven öffentlichen Rechte*,стр. 13.(帕舒卡尼斯将“Jellinek”拼写为“Iellinek”。——译者注)

资产阶级社会的典型特征正在于这样一种事实，即一般利益
58 脱离了私人利益并与之相对立，但在这种对立中，一般利益本身无意间采取了私人利益的形式，亦即法的形式。同时，可以预料，国家组织中的法权因素，主要是那些能够完全嵌入相互对抗的分立私人利益之图式的东西。①

戈伊赫巴尔格质疑区分公法概念和私法概念的必要性本身。② 我们在他那里读道："法学家们从未成功地划分公法和私法，目前这一划分仅得到（包括我国某些法学家在内的）最落后的法学家的认可。"为进一步强化"不必把法划分为公法和私法"的观点，戈伊赫巴尔格主张：国家不干预经济事务这一曼彻斯特原则，不再是 20 世纪的原则；经济生活中不加限制的个体任意性，有损于整体的利益；即便在没有经历无产阶级革命的国度，也有来自私法和公法领域的大量混合物；最后，在我国，经济活动的主导部分

① 例如，请比较科特利亚列夫斯基（С. А. Котляревский）关于选举权的议论："按照代议制，选民行使由宪法宣告的国家命令为其安排的一定职能。但从法治国的观点讲，不能只向他赋予职能而无视其固有的权利。"我们补充一点：同样也不能将资产阶级所有权简单转化为一种社会职能。科特利亚列夫斯基的进一步强调是完全正确的：如果我们效仿拉班德（Laband）那样否认选民的主观权能元素，那么"代表的选举制就会丧失一切法权意义，沦为技术与合目的性的问题"。这里我们同样碰到（基于旨趣、目标的统一性的）技术合目的性与（基于私人利益的分化和对立的）法律组织之间的对立。最后，通过引入选民权利的司法保护或司法-行政保护，代议制得到其完全的法律特征。司法程序以及双方当事人的交锋，在这里同样构成法律上层建筑的本质元素。（См. С. А. Котляревский，*Власть и право*，стр. 25.）

国家法一般是作为宪法，亦即随着相互角逐的力量（国王和议会、上院和下院、内阁和国民代表机构）的出场，而成为法学阐述的主题的。行政法亦如此，它的法律内容一方面化约为对科层制代表的权利保障，另一方面化约为对居民的权利保障。除此之外，行政法或曰所谓的警察法乃是技术规则、政令等的驳杂混合物。

② *Хозяйственное право*，стр. 5.

集中在国家机关手里，因而划分民法概念和其他概念的做法失去意义。在我们看来，这番论证基于一整套的误解。实务政策中这 59
样或那样的方向选择，还不能决定概念区分的相关理论根据。例如，我们可以确信建立基于市场纽带的经济关系有着众多弊病，但不能由此认定使用价值和交换价值的概念区分在理论上站不住脚。再者，要是不能区分公法和私法的概念，谈何指出公法领域和私法领域的交融（总的说来，指出这一点本身并无新意）？并未分开的东西谈何交融？戈伊赫巴尔格的反对意见立足于如下观念：前述抽象物（即公法和私法）并非历史发展的成果，只不过是法学家杜撰出来的东西。然而，这种对立正是法权形式本身的最典型特征。法被划分为公法和私法，这一点从逻辑方面和历史方面体现出法权形式的特征。若宣称这种对立纯属子虚乌有，我们丝毫不会因此凌驾于“落后的”实务法律人之上，反倒不得不仍旧使用他们所运用的那些形式性的经院主义界定。

因此，公法的概念本身仅能在其不断同私法相排斥的运动中得到发展，它试图把自己界定为私法的对立面，而又回归作为其重心的私法。

试图反其道而行，也就是说，以规范的概念为基础去寻找私法的基本规定性（而它们不过是一般法的规定性），只能得到无生命的、形式性的、没有免除内在矛盾的建构物。作为职能的法不再是法，而没有私利支撑的权能会变成不可捉摸的抽象东西，很容易转为其对立面，即转为义务（每一种公共权利同时也是义务）。债权人索债的“权利”有多么简单、明了和“自然”，议会对预算进行表决的“权利”——且这样称呼吧——就有多么不稳固、成问题和需要说明。如果说民法上的争议是在耶林所谓法律症候学（юридической симптоматикой）层面上进行的，那么法律学的基础本身就在此成
60 为问题。这里是方法论上摇摆不定的根源，它们威胁着要使法律学蜕变为社会学或者心理学。

我的一些批评者，例如拉祖莫夫斯基（Разумовский）[①]和伊利恩斯基（И. Ильинский）[②]，显然在一定程度上有鉴于以上所述而相信，我为自己定下了“建构纯粹法律学的理论”的任务。伊利恩斯基由此得出结论说，此一目标尚未达成。他写道：“作者给出的实为社会学立场的法理论，尽管他打算将其确立为纯粹法律学。”至于拉祖莫夫斯基，他没有就我得出的结果发表明确意见，但也不怀疑我的确存在上述意图，他对该意图严加指责：“他的[即我本人的——帕舒卡尼斯注]担心，即方法论上的摸索不定可能使法律学蜕变为社会学或者心理学，仅仅表明他没有吃透马克思主义分析方式的特征。”令我的批评者感到困惑的是：“鉴于帕舒卡尼斯同志本人看到社会学上的真实和法学上的真实之间的某种视差，深知法学的理解乃是片面的理解，这就更加奇怪了。”

确属咄咄怪事。一方面，我担心法律学蜕变为社会学；另一方面，我又承认法学的理解是“片面的理解”。一方面，我打算提供纯粹法律学的理论；另一方面，我最终提供的是社会学立场的法理论。何以解决这些矛盾？办法十分简单。身为一名马克思主义者，我没有而且也不可能为自己定下建构“纯粹法律学”理论的任

---

① *Вестник Ком. Академии*, кн. 8.

② *Молодая гвардия*, № 6.

务。我自始便清楚地意识到伊利恩斯基以为我只是无意间达到的那个目标，即为法权形式及作为其表达的特定范畴提供社会学解释。正因为这样，我当年为本书冠以《基本法律概念批判之尝试》(*Опыт критики основных юридических понятий*)这一副标题。可要是我拒不承认这种法权形式的存在本身，并把表达该形式的范畴当作某类无聊的杜撰予以摒弃，那么我的任务当然也就变得荒谬绝伦。

当我描绘公法领域中的法学建构物的不牢靠和不恰当，当我论及方法论上的摇摆不定(它们威胁着要使法律学蜕变为社会学或者心理学)，居然有人认为我在以此警告[读者]不要试图按照马克思主义的观点对法律学做出社会学批判，这真是匪夷所思。果有这样的警告，也会首先针对我本人。令拉祖莫夫斯基同志迷惑不解的那些论述——他给出的解释是我“没有吃透马克思主义分 61
析方式的特征”——仅关乎资产阶级法律学本身的不幸，后者的观念一旦脱离广义上的交换关系就将威信扫地、乱作一团。或许，我本应(比如说)通过引证来指明，关于“威胁着法律学的危险”的提法本身是在暗指资产阶级法哲学家的牢骚，其当然无关乎马克思主义的批判(它在当时尚未激荡“纯粹法学家们”的头脑)，而关乎资产阶级法律学本身通过借鉴社会学和心理学来掩盖自身方法局限性的尝试。但我那时远不至于被视为钟情于(受到马克思主义社会学批判“威胁”的)法律学的一名“纯粹法学家”，故而没有采取相应的预防措施。

62

第四章　商品与主体

一切法律关系均为主体间的关系。主体是法学理论的原子，是最简单的、不可分解的元素。我们的分析将以它为出发点。

拉祖莫夫斯基同志不认可我的如下观点：考察法权形式时，应以主体概念的分析为基础。在他看来，发达资产阶级社会的这一范畴首先太过复杂，其次也表示不了先前各个历史时代的特征。以他之见，应将“对整个阶级社会而言的基本关系的发展”作为基础，而正如马克思在他的《[〈政治经济学批判〉]导言》中指出的那样，这种基本关系就是“占有（владение），它从[作为经济事实的]实际的占有（присвоение）发展为法律上的所有权”。[①] 然而，在总结这一发展的诸道路之后，拉祖莫夫斯基同志自己得出这样的结论：私人所有权就是如此这般定型的，即它仅在商品关系的发展过程中才成为现代意义上的私人所有权，相应前提是它不仅成为“不受阻却地加以占有的可能性”，而且成为“予以让渡的可能性”。[②] 但这也意味着，最发达的法权形式对应着资产阶级-资本主义的社会关系。显然，社会关系的特别形式既没有废除这些关系本身，也

---

① И. П. Разумовский, *Проблемы марксистской теории права*, стр. 18.

② Там же. стр. 114.

没有废除作为其基础的法则。因此，对一定社会形态之内的且由其力量制造的产品的占有（присвоение），乃是基本事实或者（如果你愿意这样称呼的话）基本法则。但这种关系仅在生产力发展及其相应分工的一定阶段上，才能采取私人所有权这一法律形式。拉祖莫夫斯基同志认为，我既然以主体概念的分析作为基础，便不再考虑主从关系，而占有和所有权又与主从关系密不可分。我当然没有想过否认这种密切联系；我只是主张，所有权仅在其作为市 63
场上的处分自由时，才能成为法权形式的发展基础，而主体范畴充当着这种自由的最一般表达。例如，法律上的土地所有权意味着什么？照马克思的说法，“土地所有者可以像每个商品占有者处理自己的商品一样去处理土地”。[①] 另一方面，资本主义之所以把封建地产转变为现代地产，正是因为“它使土地所有权从统治和从属的关系中完全解脱出来”。奴隶完全服从于自己的主人，正因此，这种剥削关系不要求专门办理法律手续。雇佣工人则是作为自身劳动力的自由出卖者参与市场活动的，因此，资本主义剥削关系以契约这一法律形式为中介。我想这些例子足以说明，主体范畴在法权形式的分析中具有决定性意义。

各种唯心主义法理论从这样或那样的一般理念出发，亦即按照纯粹思辨的方式，来发展主体概念。“法的基本概念即自由。……抽象的自由概念，即那种在任何关系中做出自我规定的能力。……人因其固有的自我规定能力，因其拥有意志，而成为法

① *Капитал*，т. III，ч. 2，стр. 155.（《马克思恩格斯文集》第 7 卷，人民出版社 2009 年版，第 696 页。——译者注）

的主体。”[①]试比较黑格尔的论述：“人格一般包含着权利能力，并且构成抽象的从而是形式性的法的概念，以及这种法的本身抽象的基础。所以法的诫命是：‘成为人格，并尊重他人为人格。’”[②]他进而（在第 42 节）写道：“直接有别于自由精神的东西，无论对精神说来抑或在其自身之中，一般都是外在的东西，也就是物，亦即某种不自由的、非人格的以及无法权的东西。”

接下来我们将会看到，主体与物的对照在何种意义上成为理解法的形式的钥匙。相反，教义论法律学是按照该概念的形式方面运用概念的。对教义论法律学来说，主体不过是“从适不适合参与法权联络（правовом обобщении）的角度对现象做出法律限定的手段”。[③] 于是，教义论法律学并未提出“人如何从动物学意义上的个体转变为法律上的主体”这一问题，因为它的出发点是作为现成的、预定的形式的法律交往。

64 相反，马克思主义理论把一切社会形式视为历史的东西。因此，它给自己定下的任务，就是阐明使某一范畴成为实在事物的那些历史性的物质条件。法律交往或曰法律主体间交往的物质前提，正是由马克思本人在《资本论》第 1 卷里予以澄清的。诚然，他只是一笔带过，只是给出了最笼统的暗示。但较之法的一般理论方面卷帙浩繁的论著，这些暗示对于理解人类关系中的法律因素

① Puchta，*Institutionen*，т. I，1850，стр. 4—9.

② *Философия права*，§ 36.［这里参考了《法哲学原理》中译本第 36 节的译法。此处“法的诫命”的俄文表述中的“人格”，对应的黑格尔德文原文均为“个人（Person 或 Personen）”，特此说明。——译者注］

③ Сравн. Рождественский，*Теория субъективных публичных прав*，стр. 6.

大有裨益。在马克思那里，关于主体形式的分析直接出自关于商品形式的分析。

资本主义社会首先是商品占有者的社会。这意味着人们在生产过程中的社会关系采取了一种物的形式，即作为价值彼此关联着的劳动产品。商品是这样一种对象，在其中，有用特性的具体多样性不过是价值的抽象特性的单纯物化外壳，而价值的抽象特性表现为依照一定比率同其他商品相交换的能力。该特性是由于一种自然规律而内在于物自身的东西，这种自然规律在人们背后运行，完全不以人们的意志为转移。

但如果说商品是独立于其生产主体的意志而取得价值的，那么价值在交换过程中的实现则预设了商品占有者的自觉意志行为，或者如马克思所言："商品不能自己到市场去，不能自己去交换。因此，我们必须找寻它的监护人，商品占有者。商品是物，所以不能反抗人。如果它不乐意，人可以使用强力，换句话说，把它拿走。"①

因此，人们在生产过程中的社会联系——它物化在劳动产品之中，并且采取了自发的合规律性的形式——的实现，要求确立人们的特定关系，其中的人是产品的管理人，是"其意志在物中起支配作用的"主体。

"经济商品包含着劳动，这一情况是其固有特性；经济商品是可以交换的，这一情况是其另一特性，该特性仅仅取决于占有者的

① *Капитал*，т. I，стр. 53.（《马克思恩格斯文集》第 5 卷，人民出版社 2009 年版，第 103 页。——译者注）

意志，并且预设了经济商品的入手和让渡。”①

65 于是，在劳动产品取得商品特性并且成为价值担当者的同时，人也就取得了法律主体的特性，成为法的担当者。②“其意志被宣称具有终局性的个人，就是法的主体。”③

与此同时，社会生活一方面分解为自生自发的物化关系的总体（包括一切经济关系：价格水平、剩余价值率、利润率等），也可以说，人们在这类关系中表现得与物无异；社会生活另一方面分解为这样一类关系，人在其中仅仅通过与物相对照而得到界定，亦即人被界定为主体，也可以说这类关系就是法律关系。这两种基本形式在原则上彼此分化，同时又彼此联系且相互制约。社会的生产联系同时表现为两种不协调的形式，既表现为商品的价值，也表现为人担当权利主体的能力。

相应地，正如产品有用特性的天然多样性在商品中仅仅表现为价值的单纯外壳，而且具体类型的人类劳动分解为作为价值创造者的抽象人类劳动，那么，人与物的关系的具体多样性也就表现为所有者的抽象意志，而且，使智人（homo sapiens）物种的各个代表相互区分的一切具体特殊性都分解为一般人的抽象，即分解为法律主体。

---

① Гильфердинг，*Бем-Баверк，как критик Маркса*.

② 人形商品（Человек-товар），亦即奴隶，只要扮演着商品-物的管理人的角色并且参与流通，就取得主体的反射意义（关于罗马法上奴隶完成交易的权利，参见 И. А. Покровский，*История римского права*，II，1915，стр. 294）。相反，现代社会中的自由人，亦即无产者，当其为出卖自己的劳动力而寻找市场时，就会被当作客体，也要服从移民法上的禁令、限额等，就像跨境运输的其他商品那样。

③ Windscheid，*Pandektenrecht*，I，§ 49.

如果说物在经济上统治人，是因为它作为商品乃是一种不服
从人的社会关系的物化，那么，人在法律上统治物，是因为他本身
作为占有者和所有者，不过是抽象的非人格性权利主体的化身、纯
粹的社会关系产物。套用马克思的表述就是："为了使这些物作为
商品彼此发生关系，商品监护人必须作为有自己的意志体现在这
些物中的个人彼此发生关系，因此，一方只有符合另一方的意志，就 66
是说每一方只有通过双方共同一致的意志行为，才能让渡自己的商
品，占有别人的商品。可见，他们必须彼此承认对方是私有者。"①

不消说，作为法权制度的所有权的历史发展——及其形形色色的取得方式和保障方式、涉及不同客体时的各种变形，等等——远不及前述逻辑演绎来得那样周密和连贯。而正是这种演绎向我们揭示了历史过程的一般含义。

在屈从于那些以价值规律的形态在他背后发展的经济关系之后，仿佛作为补偿，经济主体也就以法律主体的身份得到一份珍贵的礼物，即法律上推定的意志，这意志令他在其他那些与他本人相似的商品占有者中保有绝对自由和平等。"每个人都应当是自由的，并且不应侵犯他人的自由。……每个人都拥有自己的身体，以之为自己意志的自由工具。"②自然法理论家正是从这一公理出发的。而且这种关于人之人格的孤立自持性的理念、这种"自然状态"（从中产生"趋于无限的自由冲突"），完全对应着商品的生产方式，按照该方式，生产者们在形式上彼此独立，并且除了人为创制

---

① *Капитал*，т. I，стр. 57.（《马克思恩格斯文集》第 5 卷，人民出版社 2009 年版，第 103 页。——译者注）

② Fichte，*Rechtslehre*，vom 1912，Leipzig，стр. 10.

的法秩序别无其他纽带。这种法权状况本身，或者再次套用费希特的话，“众多自由存在者的并存状态，在其中，一切人都应当是自由的，并且一人的自由不得妨碍他人的自由”——这不过是理想化的市场（后者被引向哲学抽象的九霄云外，免除了粗鄙的经验主义），独立生产者在此相会，因为正如另一位哲学家教导我们的那样，“在商贸交易中，双方当事人都依其意愿行事，所据有的自由不超过己方给予他人的自由”。[①]

逐步扩大的分工、不断提升的交往便利性和由此导致的交换的发展，让价值成为经济范畴，即成为个体之上的社会生产关系的
67 化身。为此，个别的、偶然的交换行为，须转变为广泛的、系统的商品流通。在这一发展阶段，价值脱离各种偶然评价，丧失其作为个体心理现象的特征，并取得客观的经济意义。人从动物学上的个体转变为抽象的、非人格的权利主体，转变为法律上的人格，需要具备一些同样实际的条件。这些实际条件包括社会纽带的巩固，和社会组织（亦即阶级组织）不断增长的力量，后者在“健全的”资产阶级国家那里达到其顶峰。在这里，成为权利主体的能力终与鲜活具体的人格相分离，它不再是现实的自觉意志的机能，而变成纯粹的社会特性。行为能力从权利能力中抽象出来。法律主体得到了表现为代理人的孪生者，而主体本身取得了数学上的点的意义，即作为一定量权利的汇聚中心。

相应地，资产阶级-资本主义的财产不再是不稳固的、不牢靠

① Спенсер, *Социальная статика*, гл. XIII.（这是赫伯特·斯宾塞《社会静力学》的俄译本。——译者注）

的、纯事实上的占有——这种占有随时可能受到挑战，须用手中的武器加以捍卫——而变成了绝对的、不可动摇的权利，它处处与物形影不离，而且自从资产阶级文明在全球确立自己的统治地位以来，它在任何角落都受到制定法、警察和法院的保护。[1]

在这一发展阶段，所谓主观权利的意志论（волевая теория субъективных прав）开始显得跟现实格格不入。[2] 人们更倾向于将主观意义上的法界定为“普遍意志所认可的个人应得利益之总 68
和”，而后者［即个人］完全用不着意愿和行动的能力。德恩堡（Dernburg）的定义肯定更符合现代法学家的表象，因为现代法学家不得不涉及心智丧失者、婴幼儿、法人等的权利能力。相反，极端的意志论等于把以上范畴从权利主体中排除。[3] 德恩堡把权利主体理解为一种纯社会现象，就此而言无疑更加接近真理。但是，在另一方面，我们完全明白意志因素为何在主体概念的构成中起到如此根本的作用。德恩堡本人在一定程度上看到了这一点，他

① 所谓的战争法的发展，不过是资产阶级所有权不可侵犯性原则的逐步强化。直到法国大革命时代之前，居民一直遭受己军和敌军肆无忌惮的劫掠。本杰明·富兰克林（Benjamin Franklin）在1785年首次将如下要求宣布为政治原则，即在未来的战争中，“农民、手工业者和商人应在交战双方的保护下继续安居乐业”。卢梭在《社会契约论》中提出一条规则，即战争在国家之间进行，而不在公民之间进行。国民公会的立法严惩军人在本国和敌国的劫掠行为。直到1899年，法国大革命时期的原则才在海牙被提升到国际法的地位。然而，正义要求我们注意到：一方面，拿破仑在下达大陆封锁令的时候心存不安，认为有必要在他向参议院的发言中，为这种“因为主权者之间的争端而殃及私人利益”并“使人想起久已湮灭的野蛮行径”的举措做出辩解；另一方面，在最近的世界大战中，各资产阶级政府却毫无廉耻地公然践踏交战国百姓的财产权利。

② Сравн. Дернбург，*Пандекты*，т. I，стр. 39.［这是海因里希·德恩堡的三卷本《学说汇纂》（*Pandekten*）的俄译本。——译者注］

③ 关于法人，参见 Brinz，*Pandekten*，II，стр. 984。

这样写道："主观权利早在自觉的国家秩序形成之前即已存在；这些权利基于单个人的人格，也基于他能够赢得和强求的那种对他本人及其财产的尊重。人们借助抽象，才能逐步从现存主观权利的表象中构造出法秩序的概念。因此，若以为主观权利不过是客观法的结果，那么这是一种非历史的和不正确的看法。"①显然，"赢得和强求"只是既有意志又有可观实力的人方能做到的事。然而，德恩堡像多数法学家一样，倾向于把权利主体视为一般人格，即一种超出特定历史条件的永恒范畴。按照这种观点，成为权利主体，乃是人作为活生生的、禀有理性意志的存在者所固有的特质。实际上，权利主体这一范畴显然是从市场交换行为中抽象出来的。正是在这类行为中，人们才切实兑现了形式上的自我规定之自由。市场联系揭示出专门法权意义上的主客对立。客体是商品，主体是商品占有者，后者通过取得和让渡的行为来处分商品。正是在交换协议中，主体首次以其十足规定性现身。形式上更彻底的主体概念——这种主体仅仅保有权利能力——将我们带离这一法权范畴的鲜活且真实的历史含义。由于这个缘故，法学家实难完全抛弃主体概念和主观法概念中的能动的意志因素。

采取主观法形式的统治领域，是按照特定基础被归于个体的
69 一种社会现象，而同属社会现象的价值，也按照同一基础被归于作为劳动产品的物。商品拜物教由法权拜物教所补充。

因此，在一定的发展阶段上，人们在生产过程中的关系，采取了双重的谜一般的形式。一方面，这些关系表现为物-商品的关

① *Pandekten*, I, § 39.

系；另一方面，又表现为彼此独立平等的单元（即法律主体）的意志关系。随着价值的神秘特质一道出现了同样谜一般的东西：法。与此同时，单一且整全的关系得到两个主要的抽象方面，即经济方面和法律方面。

在各个法律范畴的展开中，实施交换协议的能力，只是权利能力和行为能力的一般属性的具体表现之一。然而在历史上，正是交换协议催生了这样一种主体观念，即认为主体是一切可能的权利主张的抽象担当者。只是在商品经济的条件下，抽象的法权形式才产生出来，一般而言享有权利的能力才与具体的权利主张相分离。只有市场中的持续的权利移转，才创造出关于不动的权利担当者的观念。在市场上，施加义务者自己同时也承受义务。他时时刻刻从请求方的身份切换为义务方的身份。于是造成这样一种可能性，即超脱权利主体之间的具体区分，将其涵摄于单一的类概念之下。[①]

正如偶然的交换行为和诸如互赠礼物之类的交换形式，先于发达商品生产[阶段]的交换协议，同样，能在纠纷中、在战斗中捍卫自己生存条件的武装起来的个体或者更常见的是群体（家族、氏族、部落），也在形态学上先于法律主体及其四下延伸的法权统治范围。这种紧密的形态学联系，将法庭和决斗、诉讼双方和交战双方清楚地连接起来。随着社会调整力量的增长，主体丧失了自己在物质上的显明性。主体的个人能量被社会组织（亦即阶级组织）

① 这在德意志仅出现于继受罗马法的时刻，以下情况亦可为证，即不存在表示“persona”和“权利主体”概念的日耳曼词汇。См. O. Gierke, *Geschichte des deutschen Körperschaftsbegriffs*, Berlin, 1873, стр. 30.

70 的势力所取代，后者的最高表现在于国家。[①] 在此，非人格的、抽象的主体对应着非人格的、抽象的国家权力，后者作为前者的反映，按照理想中的一致性和连续性运行于时空之内。

那种抽象的权力，在官僚机构的组织、常备军、财政、联络手段等那里有其实际基础，而所有这一切都以相应的生产力发展为前提。

但在利用国家机制的服务之前，主体依赖于有机发展的关系的稳固性。正如交换行为的常规重复，将价值构成为凌驾于主观评价和偶然交换比率之上的普遍范畴，同样，相同关系的常规重复（即习俗）为主观统治领域赋予了新的意义，使外部规范成为该领域的存在基础。

习俗或传统，作为权利主张的超个体的（сверхиндивидуальное）基础，对应着狭隘且守旧的封建制度。传统或习俗在本质上乃是囿于一定的、相当狭小的地理范围内的东西。因此，一切法权均被视为附属于特定的具体主体或者有限的一群主体。在封建世界，“每项权利都是特权”（马克思语）。[②] 当时，每座城市、每个等级、每家行会的生活都依从自己的法，无论人在何处，法都追随着人。一切市民、一切人所共有的正式法律地位这一观念，在那个时代完

① 从这一刻起，法律主体的形象开始显得有别于它的本来面目（即在人们背后发展起来的那些关系的映象），而变成人类心智的人为杜撰。那些关系本身变得如此稀松平常，似乎成为一切共同体的必要条件。“法律主体不过是人为的建构物”这一思想是向科学的法理论迈进的一步，正如关于货币人为性的思想对经济学的意义那样。

② 具体出处不详，试比较《黑格尔法哲学批判》手稿中的一段表述：“在中世纪，权利、自由和社会存在的每一种形式都表现为一种特权。”参见《马克思恩格斯全集》第 3 卷，人民出版社 2002 年版，第 136 页。——译者注

全缺位。在经济领域中与之相适应的，是自给自足的封闭经济、进出口禁令等。

“人格没有千篇一律的内容。等级、身价、职业、信仰、年龄、性别、体力，曾经引起权利能力的深度不平等。”[①]主体平等的假定，那时仅对限缩在一定范围内的关系成立；于是，同一等级的成员在等级权利的范围内相互平等，同一行会的成员在行会权利的范围内相互平等，诸如此类。在这一阶段，作为一切可以想见之权利主张的普遍抽象担当者的法权主体，仅充当具体特权的享有者。

“这一阶段的法意识看到，相似的或相同的权利被归于单个人 71
或集体，但它并未因此认定这些个人和集体在享有权利这个特质上一模一样。”[②]

既然中世纪不存在抽象的法律主体概念，那么，关于针对不确定之广泛人群的客观规范的表象，就跟具体的特权和“特许权”的规定混合杂糅在一起。直到13世纪，我们还丝毫找不到关于客观法和主观权利（或资格）之间差别的任何显著表象。在皇帝和君主颁给城市的特权和特许状中，这两种概念的混合物随处可见。建立一般规则或规范的通常形式，就是承认一定的地域单位或人口在集体意义上具有某些法权性质。著名的公式“城市气息使人自由（Stadtluft macht frei）”即带有这种特征。按同样的形式，司法

① Gierke，цит. соч.，стр. 35.

② Gierke，цит. соч.，стр. 34.（德文版中的这段引文同样标明出自基尔克著作的第34页，但跟帕舒卡尼斯的表述完全不同。德文版写道：“但在根本上，即便在今天，罗马的以下命题仍然既未渗入法权生活也未渗入法权意识：人格就其本身来说是平等的，而不平等只是实定法之例外的后果。”——译者注）

决斗被废除；跟此类司法裁定完全同质的东西还有市民的权利，例如市民对王室或帝室的林木的使用权。

就城市法本身而言，其中最初也存在客观因素和主观因素的这种混合物。城市法规一部分是一般性的条文，一部分是在罗列某类市民所享有的个别权利或特权。

只有在资产阶级关系充分发展起来的时候，法才具备抽象性。每个人都变成一般而言的人，一切劳动都化约为一般而言的社会有用劳动，[①]一切主体都变成抽象的法律主体。与此同时，规范也采取了逻辑上完备的形式，即抽象的一般制定法。

因此，法律主体是被提升至天国的、抽象的商品占有者。他的法律意义上的意志，其实际基础在于为让渡而取得和为取得而让
72 渡的愿望。要实现这种愿望，商品占有者的愿望就必须相互迎合。按照法言法语，这种关系就是独立意志之间的契约或合意。因此，契约是法的核心概念之一。不无夸张地说，契约是法理念的组成部分。根据法律概念的逻辑体系，契约不过是一般而言的法律行为类型中的一种，[②]亦即主体借以影响周遭法权领域的具体意思表示方法中的一种。相反，从历史和实际的层面看，法律行为的概

① “在商品生产者的社会里，一般的社会生产关系是这样的：生产者把他们的产品当作商品，从而当作价值来对待，而且通过这种物的形式，把他们的私人劳动当作等同的人类劳动来互相发生关系。对于这种社会来说，崇拜抽象人的基督教，特别是资产阶级发展阶段的基督教，如新教、自然神教等等，是最适当的宗教形式。”Сравн. *Капитал*，т. I，стр. 46. Пер. Базарова и Степанова，изд. 1923 г.（参见《马克思恩格斯文集》第 5 卷，人民出版社 2009 年版，第 97 页。——译者注）

② 我们在借鉴德文版的基础上，视语境不同，将俄文单词“сделка”分别译成“法律行为”（涉及现代法学概念体系的时候，相当于德文单词“Rechtsgeschäft”），以及“协议”或“交易”（涉及社会经济生活的时候）。——译者注

念脱胎于契约。在契约之外，法律意义上的主体和意志的概念本身，仅作为无生命的抽象物而存在。这些概念在契约中得到其真正的运动，与此同时，最简单、最纯粹的法律形式也在交换行为中得到其物质基础。因此，交换行为就像一个焦点，汇聚着政治经济［学］和法［学］的最本质因素。在交换中，按照马克思的说法，“法的关系或意志关系的内容是由这种经济关系本身决定的”。契约观念一经产生，就倾向于获得普遍意义。在商品占有者“承认”彼此为所有者之前，他们当然已经是所有者，只不过是在另外的、有机的、法律之外的意义上如此。“彼此承认”无非意味着试图借助抽象的契约公式，去解释那些依托于劳动、掠夺等的有机占有，而后者在商品生产者社会的开端即已存在。人对物的关系，就其本身而论完全没有法律意义。当设法把私有制理解为主体之间（即个人之间）的关系时，法学家们就察觉到这一点。但他们在纯形式的以及消极的意义上，将私有制阐释为一道普遍禁令，即禁止所有者之外的任何人对物加以使用和处分；[①]这种观念虽然适于教义

① 因此，例如，温德沙伊德（Windscheid，*Pandektenrecht*，I，§38）鉴于法仅存在于个人之间而不存在于个人与物之间，得出结论说：“物权只知道禁止性规范，因而它的内容是消极的。它的要点在于大家应当避免对物施加影响，并且不应妨碍权利人方面对物施加影响。”施洛斯曼（Schlossmann，*Der Vertrag*）从这种观点得出合乎逻辑的结论，认为物权概念本身仅仅是辅助性的术语手段。相反，德恩堡（*Pandektenrecht*，I，§22，Anm. 5）拒绝这样一种观点，即“就连所有权这种至为积极的权利，终究也只有消极的意义”。（本条脚注中的温德沙伊德引文，其德文表述为：“物权只知道禁令……作为物权构成要素的意志力量的内容是消极的。与权利人相对的那些人应当避免对物施加影响……而且他们不应通过其涉物行为妨碍权利人对物的影响。”德恩堡引文的德文表述为：“就连所有权这种看似至为积极的权利，在法上也只应具有纯然消极的内容。”——译者注）

73 论法律学的实用目的，但对理论分析来说全无用处。按照这些抽象的禁令，所有权的概念丧失了一切鲜活含义，割断了自己原本的前法律的（доюридической）历史。

但如果说人对物的这种有机的、“自然的”关系（即对物的占有）在发生学上构成发展的起点，那么，在财富流通（即主要通过买和卖）所催生的那些需要的影响之下，这种关系实现了向法律关系的转变。奥里乌（Hauriou）注意到，海上贸易和陆路商队贸易原本并没有创造出保障财产的需要。使参与交换者彼此分隔的距离，提供了对抗任何诉求的最佳保障。永久市场的形成，要求调整商品处分权问题以及财产权问题。[①] 古罗马法上的铜衡式曼兮帕蓄（mancipatio per aes et libram）[②]［所创设的］财产理据，表明它跟对内交换现象同步产生。同样，经由继承的转让仅在民事交易对这种移转发生兴趣的时候，才作为财产理据固定下来。[③]

借用马克思的话来讲，在交换中“一方只有符合另一方的意志，就是说每一方只有通过双方共同一致的意志行为，才能让渡自己的商品，占有别人的商品”。[④] 自然法学说的代表人物在尝试以某种原始契约为所有制奠基的时候，所努力表达的正是这一思想。

---

① Сравн. Hauriou, *Principes du droit public*, стр. 286.

② 铜块最初作为货币，一方以此向另一方换取利益或者解脱债务。通过这种方式进行的曼兮帕蓄（要式买卖），就是在五名见证人和一名司秤面前，受让人拿着作为价款象征的铜块宣布其取得了标的物的市民法所有权，并以铜块击秤并交付给让与人。——译者注

③ Ibid., стр. 287.

④ 参见《马克思恩格斯文集》第5卷，人民出版社2009年版，第103页。——译者注

当然，他们的正确性不在于此种契约曾出现在历史上，而在于那些自然或有机的占有形式（натуральные или органические формы присвоения）在相互的取得和让渡行为中获致其法律“理性”。在让渡行为中，作为抽象物的财产权通过行使而得到落实。物的任何其他应用，都与它作为消费资料或生产资料的具体使用方式有关。当物执行交换价值的职能时，它就变成非人格的物，变成法的纯粹客体，而支配它的那个主体也就变成纯粹的法律主体。封建所有制和资产阶级所有制之间的矛盾，必须到二者对待流通的不同态度中寻求说明。在资产阶级世界看来，封建所有制的主要缺陷不在于它的起源（掠夺、暴力），而在于它的静止性，即它不能通过人们之间的让渡和取得而变成相互保障的客体。封建所有制或等级所有制违反了资产阶级社会的基本原则，即“达到不平等状态 74
的平等机会”。身为最敏锐的资产阶级法学家之一，奥里乌正确地强调，互惠（взаимность）乃是所有制的最有效保障，而且这种互惠只需最低限度的外部暴力即可落实。这种得到市场规律保障的互惠，为所有制赋予了“永恒”制度的特质。与之相对，由国家强制机器提供的纯政治保障，被化约为对所有者的特定个人成分的保护，亦即被化约为不具有原则性意义的因素。历史上的阶级斗争不止一次地导致财产的重新分配，以及对高利贷者和大地主的剥夺。[①]

① 这引起了恩格斯的如下议论：“毫无疑问，2500年来私有财产之所以能保存下来，只是由于侵犯了财产权的缘故。”*Происхождение семьи, частной собственности и государства*, стр. 112, XX нем. изд.（参见《马克思恩格斯文集》第4卷，人民出版社2009年版，第132页。俄文本将时间跨度表述为“2000年”，德译本表述为“3500年”，英译本的表述才是准确的。——译者注）

可这些动荡虽然给遭灾的阶级和群体造成痛苦,却并未撼动私有制的最根本基石,亦即各经济单位经由交换而形成的经济纽带。反对所有权的那些人,改日作为独立生产者在市场上相遇时只好肯认所有权。这是一切非无产阶级革命的必由之路。这是从无政府主义者的理想得出的逻辑结论,他们虽然摒弃资产阶级法的外在标志(即国家的强制和制定法),却保留其内在本质(即独立生产者之间的自由契约)。[①]

因此,只是随着市场的发展才首次确立起如下事情的可能性和必要性,即通过劳动(或劫掠)而占有物的那个人转变为法律上的所有者。

这两个阶段之间并非泾渭分明。"自然的"东西在不知不觉间过渡到法律上的东西,正如武装劫掠跟贸易纠缠在一起。

卡纳(在《私法制度及其社会功能》中)提出了另一种财产观念。按他的界定:"法律上的财产不过是某个人对某物的权力,是个体与自然对象之间的单纯关系,它不影响**其他任何个体**[我的强
75 调——帕舒卡尼斯注]和其他任何物;物是私物,个体是私人;法是私法。简单商品生产时代的实际情况就是这样。"[②]

---

① 因此,例如,蒲鲁东(Proudhon)宣称:"我需要的是契约而不是制定法。要实现我的自由,就必须在互惠契约的基础上重建整个社会大厦"(*Idées générales de la révolution*,X,стр. 138)。但他随后不得不补充道:"履行契约时所应遵循的规范,不完全取决于正义,也取决于投身共同生活的人们的普遍意志,这种意志将确保契约得到履行,必要时甚至动用强制力"(Ibid.,стр. 293)。(由于英译本此处参考了法译本,我们根据英译本调整了译法。——译者注)

② *Социальные функции права*,русск. пер.,1923 г.,стр. 112.(本书采用中央编译局译本的惯例,根据语境而分别选用"财产""所有权""所有制",来对译俄文"собственность",以下不再说明。——译者注)

这整个立场是完完全全的误解。卡纳在这里再现了为人青睐的鲁滨逊。可是，试问若有两位鲁滨逊，他们互不知晓对方的存在，在法律上构想各自与物的关系（当该关系已经完全被一种事实关系所覆盖时），这种情况该当何论？宜将孤立的人的这种权利，与“沙漠中的一杯水”那广为人知的价值摆在一起。价值和财产权都产生自同一现象，即已成为商品的那些产品的流通。法律意义上的财产之所以出现，不是因为人们想到彼此赋予这种法权特质，而是因为他们只有戴上所有者的面具才能交换商品。“凌驾于物之上的无限权力”不过反映着无限的商品流通。

卡纳断言：“所有者想到通过让渡来促成所有权在法律上的行使。”[①]卡纳本人没有想到的是，“法律［因素］”正是随着这种“促成”而发轫的，在此之前，占有并未超出自然的、有机的方面。

卡纳承认：“买卖和借贷在以往都存在过，但其运行的主客体范围极小。”[②]其实，经济财富流通的种种法律形式源远流长，我们在所有权公式本身得到阐明之前，就见过债务、贷款和抵押关系的清晰表述。单单这一点就已为正确理解所有权的法律性质提供了钥匙。

然而，在卡纳看来，人们的所有者身份先于并且独立于他们对物品的抵押和买卖。这些关系在他看来不过是“填补小资产阶级所有权的辅助和次要的制度”。换言之，他从完全孤立的个体表象出发，这些个体（不知怎地）突然想到要创设“普遍意志”，并以普遍意志的名义命令每个人不得侵犯属于他人的东西。然后，这些孤

① *Социальные функции права*，русск. пер.，1923 г.，стр. 114.

② Ibid.（按德文版的引文表述，“借贷”后面还有“租赁［或租金］”。——译者注）

立的鲁滨逊们意识到，所有者无论作为劳动力还是消费者，都不能被视为一种普遍状态，于是他们就决定以买卖、借贷等制度补全所
76 有权。这种纯理智图式，颠倒了事物和概念的现实发展。

这样一来，卡纳只不过重申了所谓胡果-海泽式的潘德克顿法叙述体系，该体系同样始于支配着外部对象的人（物法），继而推导出服务的交换（债法），最终推导出调整作为家庭成员的人的地位及其死后资产命运的规范（家庭法和继承法）。

人与物——包括他本人生产或征服的物，也包括似乎同其人格浑然一体的物（例如武器、首饰）——的联系，无疑在历史上构成私有财产制度发展中的要素之一。这种联系代表着私有财产制度的原始的、粗糙的、有限的形式。只有在过渡到商品经济，甚或更确切地说，过渡到商品-资本主义经济的时候，私有财产才获得完全性和普遍性。它变得对客体漠不关心，而且斩断了与人们的某种有机联合体（氏族、家庭、公社）的一切纽带。它在最普遍的意义上表现为"自由的外部领域"（黑格尔语），亦即表现为担当法的主体的那种抽象能力的实践兑现。

作为纯粹法律形式的财产，与私人占有（частного присвоения）——它是个人努力的结果，或者是个人消费和使用的条件——所蕴含的有机或日常的原则在逻辑上鲜有共同之处。人与他的劳动产品的联系，或者与（比方说）他个人辛勤耕作的一块土地的联系，在多大程度上包含着本原的东西、易被最原始的思维所领会的东西，[①]

① 私有财产的辩护者正因此特别乐意诉诸这种本原关系，他们知道它的意识形态力量远超它对于现代社会的经济意义。

则所有者与财产的关系就有多大程度的抽象性、形式性、附条件性和唯理性（只要一切经济活动开始折射在市场领域中）。如果说以下两种制度在形态学上彼此有着直接的联系，即作为个人无障碍使用之条件的私人占有，和作为通过交换行为进行后续让渡之条件的私人占有，那么在逻辑上，它们却是不同的范畴，兼指二者的“财产”一词带来的混乱多于简明。资本主义的土地所有权并不预设土地和其所有者之间的有机联系；相反，它仅在土地流转完全自 77
由亦即土地交易完全自由的条件下，才是可以想见的东西。

土地所有权这个概念本身，与个别的可让渡的土地财产同时出现。公社的公地（альменда）起初绝不是法人的财产（毕竟此一概念那时尚未问世），而是交由作为集体人（лица собирательного）的公社来使用。[①]

资本主义财产在本质上是这样一种自由，即把资本从一种形式变成另一种形式，从一个领域转到另一个领域，以便得到最大限度的非劳动收入。若不存在丧失财产的个体（即无产者），对资本主义财产的这种自由处分就成为无法想象的事情。财产的法律形式，并不与大量公民的财产遭受剥夺这一事实相矛盾。因为担当权利主体的特性是一种纯形式上的特性。它使一切人都具备得到财产的平等资格，但绝没有使一切人成为所有者。资本主义财产的辩证法在马克思的《资本论》中得到精彩叙述，在其中，它既按照法的“牢固”形式行进，又借助直接的暴力突破这些形式（原始积累时期）。与《资本论》第 1 卷相比，卡纳的前述研究在此无甚新意。

① Сравн. Гирке, цит. соч., стр. 146.

卡纳试图独创之处则弄巧成拙。我们已经觉察到这一点，因为他力图将财产从它在法律上的构成因素中，亦即从交换中抽象出来。这种纯形式的理解引起另一个错误，即卡纳在考察小资产阶级财产向资本主义财产的过渡之后宣称："财产制度在得到广泛发展、经过完全转变的同时，其法律本性未曾改变。"①他接着得出结论说："法制的社会功能发生改变，但它们的法律本性一仍其旧。"试问：卡纳考虑的是何种制度？如果所说的是罗马法的某项抽象公式，那当然无可改变。但该公式仅在发达的资产阶级-资本主义关系的时代中调整着小财产。我们如果留意在农民依附于土地的那个时代中的行会手艺和农业经营，就会从中发现一整套限制着财产权的规范。当然，有人可能会说，所有这些限制均带有公法特
78 征，并不影响财产制度本身。但这样的话，情况就完全化约为某项抽象公式的自相同一。另一方面，封建的和行会的财产形式（即有限的财产形式）业已显示其功能，即摄取他人的无偿劳动。[对应着]简单商品生产的财产——卡纳将其与资本主义形式的财产相对照——是与简单商品生产本身一样单纯的抽象物。因为至少一部分被生产出来的产品向商品的转变，以及货币的出场，共同构成高利贷资本出场的充分条件，按照马克思的话说，这种"资本的洪水期前的形式"和它的孪生兄弟商人资本一样，"在资本主义生产方式以前很早已经产生，并且出现在极不相同的经济社会形态中"。② 于是

① Цит. соч., стр. 106.

② *Капитал*, III, часть II, стр. 133.［参见《马克思恩格斯文集》第 7 卷，人民出版社 2009 年版，第 671 页。俄文版将德文的"ökonomischen Gesellschaftsformationen（经济社会形态）"译成了"общественно-экономических формациях（社会经济形态）"，此处遵从基于德文的中译本表述。——译者注］

我们可以得出恰与卡纳相反的结论，即规范发生改变而其社会功能一仍其旧。

随着资本主义生产方式的发展，所有者逐渐摆脱了技术性生产职能，并且与此同时丧失了对资本的完整法律支配。在股份制企业中，单个资本家不过是得享一定份额非劳动收入的那项资格的担当者。他作为所有者的经济和法律活动，几乎完全限于非生产性消费的领域。资本的主干变成了完全非人格性的阶级力量。只要资本的主干参与市场流通，而这又预设了其中各个部分的自主性，那么这些部分就表现为法人的财产。实际上，人数较少的大资本家控制着资本的主干，他们又通过雇用的代表或者代理人来运作。法律上明晰的私有财产形式不再反映现实的事态，因为借助各种参与和控制的方法，实际的支配远远超出纯法律的框架。我们在此临近这样一个时刻，即资本主义社会成熟到足以转向其对立面。无产者的阶级革命是这一时刻的必要政治前提。

但是，甚至早在这场变革之前，基于自由竞争原则的资本主义生产方式的发展，便致使该原则转为其自身的对立面。垄断资本主义为一种完全不同的经济体系缔造了前提，社会生产和再生产 79
的运动在这种体系中的落实，不是经由自主经济单位之间的个别交易，而是借助于有计划的集权组织。这种组织是由托拉斯、康采恩以及其他垄断联营所创建的；这类趋势的顶峰，就是我们在战争期间看到的以下现象，即私营资本主义组织和国家组织融合为一种强有力的资产阶级国家资本主义体系。法律构造在实践中的这种蜕变，不可能不反映在理论上。工业资本主义在其发展之初，为法主体性原则罩上某种灵晕（ореолом），将其奉为人之人格

(человеческой личности)的绝对特质。如今,人们开始仅仅将其视作一种为“风险和责任的划分”提供便利的技术性界定,甚或简单地将其宣布为毫无现实基础的思辨假设。该思潮既然冲击了法权个体主义,也就引起了我们某些马克思主义者的同情,他们相信摆在他们面前的是符合无产阶级利益的、崭新的“社会”法理论的要素。不消说,这样的评价表明一种纯形式的问题处理方式。何况前述理论丝毫未就资产阶级法的那些个体主义范畴给出现实的社会学理解,相反,它们在批判那种个体主义的时候,不是站在无产阶级的社会主义观的立场上,而是站在金融资本专政的立场上。这些学说的社会意义就在于,为现代帝国主义国家及其(特别是在最近的战争中)采用的方法做辩解。因此不足为奇的是,正是基于这场世界大战——它是近现代最具掠夺性、最具反动性的战争——的教训,一位美国法学家得出了带有“社会主义”腔调的结论:

“个人的生命权、自由权和财产权,并非绝对的或抽象的存在;从法律的观点看,这些权利仅仅因为有国家的保护才存在,故而完全从属于国家权威。”①

无产阶级夺取政权是社会主义的基本前提。但经验表明,有
80 计划有组织的生产和分配,不能骤然取代分立的经济单位之间的

① E. A. Harriman, “Enemy Property in America”, *The American Journal of International Law*, 1924, I, p. 202. [这是哈里曼(Harriman)关于海斯(Arthur Garfield Hays)《在美国的敌方财产》(1923 年)一书的短评,帕舒卡尼斯将引文译成俄文,译者核查了英文原文。这段话具体刊登于当期杂志第 203 页,第 202 页为书评起始页码。——译者注]

市场交换和市场联系。倘若果有此事，财产的法律形式将在那一时刻走向历史终点。它将完成自身的发展周期，复归原点，复归为个体直接使用的对象，也就是说，重新变成基本的日常关系。整个法的形式将随之被宣判死刑。[①] 只要建设统一的计划经济的任务尚未完成，只要单个企业和企业集团之间的市场联系依然有效，那么法的形式就依然有效。毋庸赘述，适用于小农经营和手工业经营的生产资料和生产工具的私有财产形式，在过渡时期几乎保持不变。但是，就国有化的大型工业而言，所谓经济计算原则的应用也意味着自主单位的形成，后者通过市场与其他经济单位建立联系。

只要国营企业服从流通条件，它们之间的联系就不采取技术性协作的形式，而采取法律行为的形式。由此，用于调整关系的纯法律秩序亦即司法程序，就变得不仅可能而且必要；但与此同时，由于服从一般经济计划，直接的管理亦即行政-技术的管理得以保留，并且必将与日俱增。于是，一方面，我们拥有遵循自然[经济]范畴的经济生活，和生产单位之间的社会联系，后者呈现出合乎理性的、无遮饰的形式（非商品的形式）——与之相应的是这样一套方法，即采取生产和分配的规划或计划等形式做出直接指示（亦即内容丰富的技术性指示），这些具体的指示随着条件的变动而不断改变。另一方面，我们拥有各经济单位之间的一种以流通商品的价值形式，从而以法律行为这一法律形式所表达的联系——这转

① 对法的形式的后续清除过程，将化约为这样一种逐步过渡，即从等价分配方法（一定量的社会产品对应一定量的劳动）过渡到全面展开的共产主义公式："各尽所能，按需分配。"

而对应着以下事物的创设，即自主主体之法律交往所涉及的那些
81 或多或少坚固持久的形式框架和规则（民法典，或许也有商法典），以及在实践中通过解决纠纷来确立法律交往的那些机关（法院、仲裁委等）。显而易见，第一方面的趋势并不包含法律业务的任何繁荣前景。该趋势的逐步胜出将意味着整个[法律]形式的逐步消亡。当然，人们可以反驳道：例如，生产规划也算公法规范，因其源自国家权威、具有强制力、创设了权利义务等。诚然，只要新社会立足于旧社会的元素，亦即立足于把社会联系仅仅视为“达成私人目的之手段”的人们，那么就连简单的、具备技术合理性的指示，也将表现为一种与人相异化并且凌驾于人之上的力量。政治人依旧是“抽象的、人为的人”（马克思语）。但是，商业关系和商业心理在生产领域中被克服得越彻底，马克思在其文章《论犹太人问题》中谈到的最终解放的时刻就越快来临：“只有当现实的个人把抽象的公民复归于自身，并且作为个人，在自己的经验生活、自己的个体劳动、自己的个体关系中间，成为类存在物的时候，只有当人认识到自身‘固有的力量’是社会力量，并把这种力量组织起来因而不再把社会力量以政治力量的形式同自身分离的时候，只有到了那个时候，人的解放才能完成。”①

这是辽远未来的前景。就我们的过渡时期而言，以下事情需要注意。如果说在非人格性的金融资本的统治时代，（支配着自己或他人资本的）各个资本家集团之间的实际利益对立依旧存在，那

---

① *Nachlass*, I, стр. 424.[《马克思恩格斯文集》第1卷，人民出版社2009年版，第46页。——译者注]

么在无产阶级专政之下，尽管还保留市场交换，国有化的工业内部的实际利益对立却被根除，并且（像私有制经济组织那样的）各经营组织的分立性或自主性**仅作为一种方法被保留下来**。[1] 于是，在国营工业和小规模劳动经营者之间，以及在国营工业本身范围内的各个企业和企业联合体之间展开的准私有制经济关系，被置 82
于一种严格的框架之内，该框架在每个环节都取决于计划建设领域内取得的成就。因此，在我们的过渡时期，法的形式本身并不含有它为诞生之初的资产阶级-资本主义社会所开放出来的无限可能性。相反，法的形式将我们暂时封闭在其狭隘眼界内。它的存在只是为了最终耗尽自身。

马克思主义理论的任务，是验证这个一般结论并追溯具体的历史材料。不同社会生活领域中的发展不可能千篇一律。因此，务必做出悉心的观察、比较和分析。但是，只有当我们掌握了以下情况，即经济中的价值关系被克服的速度和方式，以及与此同时，法律上层建筑的私法因素消亡的速度和方式，最后，由这些基本过程引发的整个法律上层建筑本身的逐步衰败——届时我们才可以告诉自己，我们至少弄清了未来的超阶级文化创建过程的一个方面。

---

① 我从这一状况的最初表述中，删除了关于苏联经济体制的那种欠考虑的、不准确的定义，即把它整个视为“无产阶级国家资本主义”。当我在 1923 年撰写本书第一版的时候，作者和读者仍可能注意不到这种错误。但经过“十四大”的讨论之后，这种错误应该引起并且也确实引起了批评者的公允责难。主要思想正由于此一修正而更加明朗，因为我在此处使用“国家资本主义”这一完全不恰当的术语的那个时候，只考虑到事情的一方面，即市场交换和价值形式的保留。——俄文第三版注

83

第五章　法与国家

法权交往(Правовое общение)就其“本性”而言并不预设和平状态,正如贸易起初并不排除武装劫掠,反倒与之并行不悖。法和自力救济这两个概念看似相互对立,实则有着甚为紧密的彼此联系。不仅在古老的罗马法时代是这样,在更为晚近的时代也是这样。现代国际法包含着大量的自力救济(反制、报复、战争等)。即便在“健全的”资产阶级国家中,按照奥里乌这样敏锐的法学家的意见,每位公民也在实施法的同时“自担风险”。马克思的表述甚至更加鲜明:“强权也是一种法。”[①]这里不存在悖论,因为法正如交换那样,乃是相互分离的社会元素之间的交往方式。这种分离的程度在历史上可强可弱,但不会归零。因此,举例来说,隶属苏维埃国家的那些企业实际上执行着共同任务,但由于采用市场方法运作,它们各有各的利益,作为买方和卖方相互对立,自担风险地开展工作,故而必须投身于**法律交往**。计划经济的最终胜利,会将它们完全置于具有技术合目的性的相互联系之中,会扼杀它们的“法律人格”。因此,如果把法权交往描绘成有组织的、有序的交

---

① См., *Введение к критике*, etc. [参见《马克思恩格斯全集》第 30 卷,人民出版社 1995 年版,第 29 页。——译者注]

往，从而将法和法秩序等同起来，那么人们就忽略了一点，即秩序其实只是一种趋势和一种最终结果（离完美还差得很远），但绝不是法权交往的出发点和前提。在法权发展的初始阶段，和平状态本身远不像它对抽象法律思维呈现的那样密实而且均质。古日耳曼法知道不同程度的和平：宅内的和平、藩篱中的和平、村落内的和平，等等。平息的力度强弱，相应地表现为针对破坏和平行为的 84
惩罚的轻重。

在交换成为常规现象的地方，和平状态就成为必需品。倘若维持和平的前提零零落落，那么交换者就不太愿意会面，而更倾向于在另一方不在场的情况下各自检查商品。然而一般来说，贸易不仅要求商品的集聚，而且要求人员的集聚。在氏族生活方式的时代，每个外来者都被视为敌人，就像野兽一样不受保护。唯有好客的风俗提供了与外来部落往来的可能性。在封建时代的欧洲，教会试图限制持续不断的私人战争，故而在一定时期宣布所谓“上帝的和平（божий мир）”。[①] 与此同时，集市和贸易场所开始在这方面享有专门的特权。赶集的商人拿到了专门的安全通行证（sauf conduit），其资财受到保护，免遭任意侵夺；同时，有专门的法官保障契约履行。于是，专门的商人法（jus mercatorum）或商事法（jus fori）应运而生，后来为城市法奠定基础。

① 典型情况是，通过规定在某些日子实施“上帝的和平”，可以说教会也就直接使私人战争在其他时间合法化。在 11 世纪，有人建议彻底废除私人战争，但孔布尔主教热拉尔（Gérard）对此提出强烈抗议，他声称，要求长久的上帝和平是“与人性背道而驰的”。Сравн. С. А. Котляревский，*Власть и право*，стр. 189.（“上帝的和平”亦译“上帝治世”。——译者注）

起初，市场和集市构成封建领地的一部分，而且显系有利可图的事项。对某地授予集市和平，意在充实某位封建领主的财库，从而意味着封建占有者的私人利益。不过，封建权力充当着交换业务不可或缺的和平保卫者，正由于这一职能而沾染了新的、先前并不鲜明的**公共性**色彩。封建制的或父权制的权力，不知公私之界。封建主对农奴的公权利，同时也是他作为私有者的权利。反过来讲，如果人们愿意的话，也可以把他的私权利解释为政治权利亦即公权利。许多人（包括贡普洛维奇在内）就是这样把古罗马的市民法解释为公法的，因其根基和源头归属于氏族组织。实际上，我们在此面对的是处于胚胎状态的法权形式，它尚未在自身内部发展
85 出私与公这样相互对立且相互关联的规定性；因此，带有父权制关系或封建关系之印迹的权力，其特点也就在于神学因素对法律因素的支配。仅当贸易和货币经济发展起来的情况下，关于权力现象的法学解释亦即理性主义解释才成为可能。这些经济形式带来了公共生活和私人生活之间的对立，随着时间的推移，这种对立具有了某种永恒性和自然性，并构成关于权力的一切法律学说的基础。

一旦群体的或阶级的权力组织在自身框架中容纳了足够广泛的市场交往，资产阶级意义上的“现代”国家就诞生了。[①] 因此，当年在罗马，与外国人、移民等做生意，要求承认那些不属于氏族联盟的个人具备民事权利能力。这已预设了公法和私法的划分。

领土主权这一公法原则与土地私有权之间的区分，在中世纪

① Сравн. Hauriou, *Principes du droit publique*, стр. 272.

欧洲的城市内部出现得最早而且最彻底。在那里，基于土地的、跟物和人身相关的义务与役事，比在其他地方更早地划分为有利于城市公社的赋役和基于私有财产权的租金。[①]

与交换行为相联系的关系，即地道的私人关系，一旦在统治权之旁独立兴起，那么事实上的统治权就会具有鲜明的、法律上的公共性特征。作为这些私人关系的维护者，权力变成了社会的、公共的权力，亦即追求非人格的秩序利益的权力。[②]

作为阶级统治组织和对外战争组织的国家，不需要法权解释，而且其实也不容许这种解释。在这类领域占优势的，是所谓国家理性（raison d'état）亦即赤裸裸的合目的性原则。相反，作为市场交换维护者的政权不仅可用法的术语来表达，而且其自身表现为法并仅仅表现为法，也就是说，与抽象的客观规范完全合而为 86
一。[③] 因此，法学立场的国家理论一旦力图囊括国家的所有职能，就必定是不恰当的。它无法真实反映国家生活的一切事实，而只

① Сравн. Гирке，цит. соч.，стр. 648.

② 如果说西方封建主和俄国王公实际上都没有意识到自己的这种崇高使命，而只是将自己的秩序保卫职能视为收入来源，那么，后来的资产阶级历史学家则总要把子虚乌有的动机归于这些人，因为对这些历史学家本人而言，资产阶级关系和由此导致的权力公共性表现为永恒不易的规范。

③ 同时，客观规范本身被理解为其服从者的一般信念：“法是法律交往者的普遍信念。故而，一种法权地位的产生，也就是一种有约束力的、可以执行的普遍信念的产生”（Пухта，*Курс римского гражданского права*，русск. перев. 1874 г）。［这里引用的是普赫塔（Georg Friedrich Puchta）的《当代罗马法讲义》（*Vorlesungen über das heutige römische Recht*）的俄译本。——译者注］这项具有假想的普遍性的公式，其实不过是市场交往条件在观念上的反映；除此之外，它没有任何意义。事实上，大概没人敢于声称，例如，斯巴达黑劳士的法权地位乃是他们（即那些黑劳士）“具有约束力的普遍信念”的结果。Сравн. Гумплович，*Rechtsstaat und Socialismus*.

能提供对于现实的意识形态反映亦即歪曲的反映。

有组织形式和无组织形式的阶级统治，其范围远超可以标记出来的正式的国家权力统治领域。资产阶级的统治既表现在政府对银行和资本家集团的依赖，也表现在每个工人对其雇主的依赖，还表现在国家机关的人事构成与统治阶级的对接。所有这类事实——而且其数量盈千累万——虽无正式的法律表达，但它们的意义与另一些事实不相伯仲，那些事实有其法律上的正式表达，并且表现为工人服从资产阶级国家的制定法，服从资产阶级国家机关的命令和指令，服从资产阶级国家的法院判决，等等。在直截了当的阶级统治之外，间接的、经过反映的统治就按以下形式成长起来，即作为同社会相分离的一种特殊力量的正式国家权力。国家问题由此出场，其分析难度不亚于商品问题。

恩格斯在《家庭、私有制和国家的起源》里，将国家视为以下事实的表达，即社会不可救药地陷入阶级矛盾之中，“为了使这些对立面，这些经济利益相互冲突的阶级，不致在无谓的斗争中把自己和社会消灭，就需要有一种表面上凌驾于社会之上的力量，这种力量应当缓和冲突，把冲突保持在‘秩序’的范围以内；这种从社会中
87 产生但又自居于社会之上并且日益同社会相异化的力量，就是国家”。[①] 这番解说有一处不太清楚，随后得到揭示：恩格斯谈道，国家政权自然而然地落入最强大的阶级手中，“这个阶级借助于国家

① 20-е нем. изд., стр. 177—178.［参见《马克思恩格斯文集》第4卷，人民出版社2009年版，第189页。——译者注］

而在政治上也成为占统治地位的阶级”。[1] 这一表述使人有理由认为：国家政权在出场之时不是作为一种阶级力量，而是作为某种凌驾于阶级之上的、力挽狂澜的东西，并且国家政权甫一产生就成为篡夺的目标。此种理解显然违背历史事实；我们知道，政权机器到处都是由统治阶级的力量创建的，是它一手打造的事业。我们认为，恩格斯本人也会反对前述解释。但即便如此，恩格斯提出的公式仍不明朗。国家之所以产生，是因为如若不然，阶级将在惨烈的斗争中互相消灭，从而摧毁社会。可见，国家产生于相互争斗的阶级中尚无一方能够取得决定性胜利的时刻。这样一来，要么国家巩固了此种关系，此时它会是一种超阶级的力量，然而我们无法认可这一点；要么国家是某一阶级胜利的结果，但在这种情况下社会就不再需要国家，因为随着某一阶级取得决定性胜利，平衡得以恢复，社会得到拯救。在所有这些争议的背后隐藏着一个根本问题：阶级统治何不保持其本来面目，亦即一部分人对另一部分人的实际从属关系，反倒采取正式国家主权的形式？或者换言之，施行统治的强制机关为何没被确立为统治阶级的私人机关，反倒同后者相分离，采取一种非人格的、与社会相异化的公共权力机关的形式？[2] 我们不能仅限于指出：散播意识形态的迷雾并将自己的阶级统治隐藏在国家屏障之后，对统治阶级是**有利的**。所指出的这

① 参见《马克思恩格斯文集》第 4 卷，人民出版社 2009 年版，第 191 页。——译者注

② 在我们这个激烈的革命斗争时期，我们能够观察到，与法西斯主义者的“志愿军”等团体相比，资产阶级国家体制的正式机关是怎样退居次要位置的。这再次证明：当社会的平衡被打破因而“寻求拯救”的时候，它不是去创建一种凌驾于阶级之上的权力，而是最大限度地发挥相互争斗的阶级的力量。

一点没有争议，但它没有向我们解释这种意识形态何以能够出现，以及统治阶级为何能够利用这种意识形态。因为对各种意识形态形式的自觉利用，不同于它们的（通常不以人们的意志为转移的）
88 起源。而如果我们想查明某种意识形态的根源，就应当探究这种意识形态所表达的现实关系；在这里，顺便一提的是，我们遇到了关于国家政权的神学解释和法学解释之间的根本区别。一方面，按照关于国家政权的神学解释（即权力的神化），我们所处理的是纯粹的拜物教，故而除了对现实（亦即那种事实上的主从关系）的意识形态复制之外，我们在相应的表象和概念中发现不了任何其他东西；另一方面，[关于国家政权的]法学理解只是一种片面的理解，其中的那些抽象物表现了实际存在的主题（即商品生产社会）的一个方面。

拉祖莫夫斯基同志指责我，[1]说我不恰当地把权力和服从的问题归入“对现实的复制”这一不明确的领域，在分析法的范畴时没有给它们留出应有的位置。宗教的或神学的思维表现为“对现实的复制”，这一点对我来说在费尔巴哈和马克思之后毋庸置疑。我没有从中发现模糊不清的东西。相反，事情是显而易见的：农奴对封建主的服从，直接源于这样一个事实，即封建主是大地主而且能够号令武装力量；这种直接的依赖、这种事实上的统治关系裹上了意识形态的外壳，因为封建主的权力出自神圣的、超人的权威，“一切权力归于上帝”。雇佣工人对资本家的服从和依赖同样是直接的：积累起来的死劳动在此统治着活劳动。但是，工人对资本主

① См.，*Проблемы марксистской теории права*.

义国家的服从，并不就是他对单个资本家的依赖在意识形态上的复制。首先的理由是，存在着脱离统治阶级代表的专门机关，而且该机关凌驾于每一个资本家之上并表现为一种非人格的力量。其次的理由是，这种非人格的力量并不构成每一处剥削关系的中介，因为雇佣工人并未在政治上和法律上被迫去给**特定的**企业家效劳，而是在形式上基于自由契约来让渡自己的劳动力。只要剥削关系在形式上落实为两个“独立的”且“平等的”商品占有者之间的关系（其中一方是出卖劳动力的无产者，另一方是购买劳动力的资本家），政治上的阶级权力就能够采取公共权力的形式。 89

主导着资产阶级-资本主义世界的竞争原则，如前所述，不能允许政治权力与单个企业有联系（就像封建制之下政治权力与大地产有联系那样）。“竞争的自由、私有财产的自由、市场中的‘平等’、仅由特定阶级享有的生存保障，共同缔造了一种新的国家政权形式，即民主制，它使该阶级以集体身份掌权。”[①]诚然，市场中的“平等”缔造了一种特殊的权力形式，但这些现象之间的联系，不完全像波德沃洛茨基同志看到的那样。首先，权力有可能不与单个企业相联系而仍旧作为资本主义组织的私事。实业家联盟（及其斗争资金、黑名单、联合抵制、工贼团队）无疑是与公共权力亦即国家政权并存的权力机关。其次，企业内部的权力仍然是每一个资本家的私事。内部秩序规则的确立是一种私人立法行为，可以说体现了真正的封建主义，尽管资产阶级法学家们奋力为之披上现代性（современность）的外衣，他们的办法是拟制出所谓的“依附

① И. Подволоцкий, *Марксистская теория права*, 1923, стр. 33.

契约(contrat d'adhésion)”,或者拟制出资本主义所有者据说得自公共权力机关的特殊职权,以便“成功履行从社会观点来说必要且合宜的企业职能”。①

但是,封建关系类比在此并不完全贴切,因为,正如马克思所言,“资本家作为资本的人格化在直接生产过程中取得的权威,他作为生产的领导者和统治者而承担的社会职能,同建立在奴隶生产、农奴生产等等基础上的权威,有重大的区别。尽管在资本主义生产的基础上,对于直接生产者大众来说,他们的生产的社会性质是以实行严格管理的权威的形式,并且是以劳动过程的完全按等级组织的社会机制的形式出现的,——这种权威的担当者,只是作
90 为同劳动相对立的劳动条件的人格化,而不是像在以前的各种生产形式中那样,是作为政治的统治者或神权政体的统治者得到这种权威的”。②

因此,从属和统治的关系甚至可以存在于资本主义生产方式之下,而不脱离该关系在表现为生产条件对生产者的统治时所采取的具体形式。但正是由于其没有像在奴隶制和农奴制之下那样采取有所掩盖的形式,③反倒使法学家感到费解。

---

① Сравн. Таль, “Юридическая природа организации или внутреннего порядка предприятия”, *Юридический Вестник*, 1915 г., IX (I).

② *Капитал*, III, ч. II, стр. 420.(参见《马克思恩格斯文集》第 7 卷,人民出版社 2009 年版,第 997 页。——译者注)

③ См., *Капитал*, III, ч. II, стр. 369.(马克思在此指出:“例如在古代和中世纪,奴隶制或农奴制形成社会生产的广阔基础,在那里,生产条件对生产者的统治,已经为统治和从属的关系所掩盖,这种关系表现为并且显而易见是生产过程的直接动力。”参见《马克思恩格斯文集》第 7 卷,人民出版社 2009 年版,第 941 页。——译者注)

只要社会表现为市场，国家机器就现实地落实为一种非人格的“普遍意志”，落实为“法的权力”，等等。在市场上，如我们所见，每一位转让者和买受者都是地道的法律主体。价值和交换价值这对范畴在哪里出现，参与交换者的自主意志就在哪里成为前提。倘若交换比例由置身于市场内在法则之外的权威来决定，那么交换价值便不再是交换价值，商品也不再是商品。作为一人对另一人发出的以强力做后盾的命令，强制有违商品占有者之间交往的基本前提。因此，在商品占有者的社会中以及在交换行为的范围内，强制职能如果没有抽象性和非人格性就无法表现为一种社会职能。服从作为具体个体的人，对商品生产社会而言意味着服从专断，因为这相当于一位商品占有者服从另一位商品占有者。因此，在这里，强制不能不加掩饰地表现为单纯合目的性的活动。它应当表现为出自某种抽象一般人格的强制，表现为不是为着做出强制之个体的利益而实施的强制——毕竟在商品社会中，人人都是利己主义者——而是为着一切参与法权交往者的利益而实施的强制。人支配人的权力落实为法本身的权力，亦即客观公正的规范的权力。

资产阶级思想认为商品生产框架是一切社会永恒且自然的框架，故而宣布抽象的国家政权是一切社会的配套物。

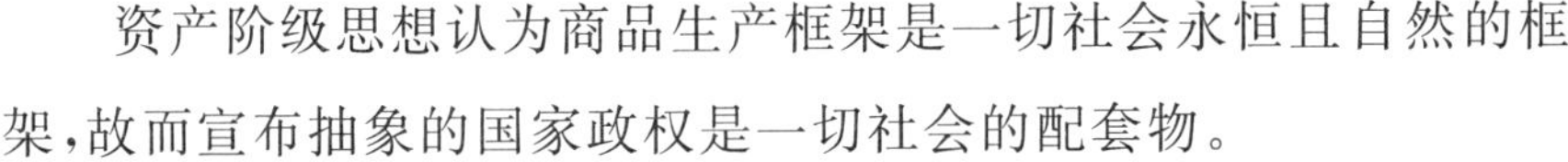

自然法理论家的相关表述最为天真，他们使其权力学说立足于独立平等的人格之间的交往这一理念，以为他们的出发点是人 91
类交往本身的各项原则。其实，他们只是以种种方式阐发了关于联结独立商品占有者的那种权力的理念。这就解释了该学说早在格劳秀斯时代即已凸显的主要特点。对市场而言，参与交换的商

品占有者是第一位的。权力秩序是衍生性的、次要的东西，是从外部附加于当前商品占有者的东西。因此，自然法理论家不把权力视为历史地产生的从而与特定社会中的作用力相联系的现象，反倒以抽象的、理性主义的方式看待它。在商品占有者的交往中，和平在哪里被打破，或者契约在哪里得不到自愿履行，权威强制的必要性就在哪里显现，因此，自然法学说把权力的功能简化为维护和平，并宣布国家的专属使命在于充当法的工具。最后，在市场中，一人根据另一人的意志而成为商品占有者，所有的人根据他们的普遍意志而成为商品占有者。所以，自然法学说从分立的、单独的人格之间的契约中造就国家。以上便是自然法学说的梗概，它随着特定作者的历史情境、政治喜好和辩证能力而允许有形形色色的具体变数。它允许有共和主义的和君主主义的倾向，也允许有一般说来程度各不相同的民主精神和革命精神。

但总的来看，该理论是资产阶级在同封建社会展开革命斗争时所高举的革命旗帜。自然法学说的命运也由此确定。自从资产阶级成为统治阶级以来，自然法的革命往事开始引起它的忧惧，而各种占统治地位的理论急于将其打入冷宫。不消说，自然法理论丝毫经不起历史的和社会学的批判，因为它提供的图景完全不契合现实。但主要的怪事在于，法学立场的国家理论虽然取代了自然法理论，抛弃了关于人和公民与生俱来且不可让渡之权利的学说，从而为自己冠以“实证”之名，却在歪曲真正的现实方面不遑多让。[①] 该

① 我用不着详细证明这一情况，因为我可以援引贡普洛维奇对拉班德、耶利内克(Jellinek)等人的法学理论的批判［参见贡普洛维奇的《法治国和社会主义》和《国家理论史》(*Geschichte der Staatstheorien*)］，也可以援引阿多拉茨基的精妙著作《论国家》(1923 年)。

理论不得不如此行事，这是因为，所有法学立场的国家理论的出发 92
点，必定是那作为与社会相分离的独立力量的国家。该理论的法学立场正在于此。

因此，尽管国家组织的活动事实上在以各个人发出的命令和指令的方式开展，法学立场的国家理论却假定：(1)这些命令的发出者不是个人而是国家；(2)这些命令从属于制定法的一般规范，而后者又表现了国家意志。①

就此而言，较之最实证的、法学立场的国家理论，自然法学说也未见得更不切实际。因为自然法学说的要义是，在一人对另一人的各种类型的实际依赖之外（自然法学说从此类依赖中抽身而出），再建构另一种类型的依赖，即对非人格的国家普遍意志的依赖。

但正是这种建构为法学立场的国家人格理论奠定了基础。在法学立场的国家理论中的自然法因素，远比自然法学说的批判者所看到的更深固。该因素植根于公共权力的概念本身，这种权力不属于任何特殊者，凌驾于一切人之上，并且指向一切人。法学理论一旦执着于这个概念，难免与真正的现实相脱节。自然法学说

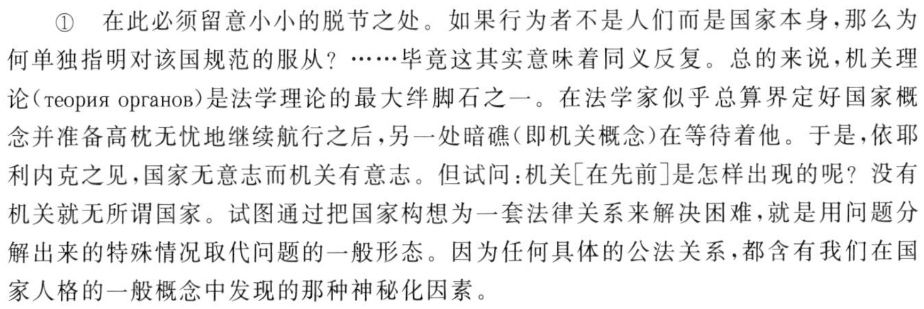

①　在此必须留意小小的脱节之处。如果行为者不是人们而是国家本身，那么为何单独指明对该国规范的服从？……毕竟这其实意味着同义反复。总的来说，机关理论（теория органов）是法学理论的最大绊脚石之一。在法学家似乎总算界定好国家概念并准备高枕无忧地继续航行之后，另一处暗礁（即机关概念）在等待着他。于是，依耶利内克之见，国家无意志而机关有意志。但试问：机关[在先前]是怎样出现的呢？没有机关就无所谓国家。试图通过把国家构想为一套法律关系来解决困难，就是用问题分解出来的特殊情况取代问题的一般形态。因为任何具体的公法关系，都含有我们在国家人格的一般概念中发现的那种神秘化因素。

与最近的法律实证主义之间的区别仅仅在于，前者更清楚地体会到抽象国家政权与抽象主体之间的逻辑联系。自然法学说根据必然联系来把握商品生产社会中的这些被神秘化了的关系，从而示范了古典的清晰建构工作。相反，所谓的法律实证主义甚至搞不清楚自身的逻辑前提。

93 法治国是一种幻象，但却是一种对资产阶级而言十分便利的幻象，因为它取代了已然败落的宗教意识形态，它向大众掩盖了资产阶级的统治这一事实。法治国意识形态之所以比宗教意识形态更便利，还因为前者虽不完全反映客观现实，但仍然立足于客观现实。只要资产阶级社会表现为市场，作为“普遍意志”、作为“法的权力”的权力就在资产阶级社会得到实现。① 按照这种观点，就连警察条例也能够在我们面前表现为康德自由理念——该自由受到他人自由的制约——的化身。

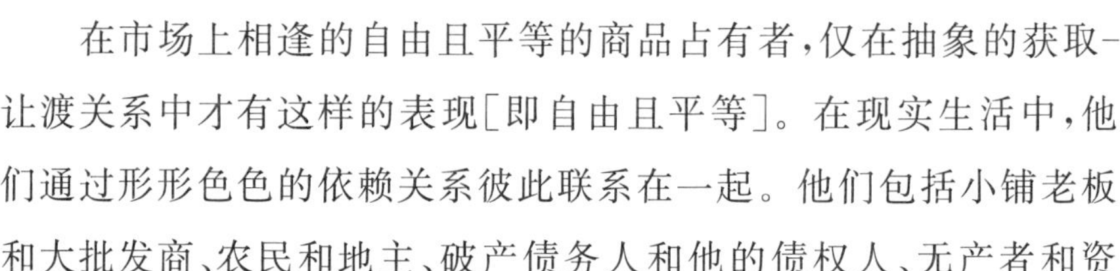

在市场上相逢的自由且平等的商品占有者，仅在抽象的获取-让渡关系中才有这样的表现[即自由且平等]。在现实生活中，他们通过形形色色的依赖关系彼此联系在一起。他们包括小铺老板和大批发商、农民和地主、破产债务人和他的债权人、无产者和资

① 我们知道，洛伦茨·施泰因(Lorenz Stein)对比了两种国家，即凌驾于社会之上的理想国家和被社会吸收的国家(用我们的术语说，就是阶级国家)。维护大地产特权的封建专制国家和维护资产阶级特权的资本主义国家，都被他归入阶级国家。但是，扣除这些历史事实之后，剩下的不过是作为普鲁士官员之臆想的国家，或是作为按价交换条件之抽象保障的国家。而在历史的现实中，“法治国”(即凌驾于社会之上的国家)，仅仅落实为其自身的对立面，即“资产阶级事务管理委员会”。(《共产党宣言》里面写道：“现代的国家政权不过是管理整个资产阶级的共同事务的委员会罢了。”参见《马克思恩格斯文集》第2卷，人民出版社2009年版，第33页。——译者注)

本家。所有这些不胜枚举的实际依赖关系，构成了国家组织的真正基础。与此同时，它们对法学立场的国家理论而言仿佛并不存在。再者，国家生活是由不同政治力量（即阶级、政党、各色团体）之间的斗争构成的；在这里隐藏着国家机器的实际驱动力。法学理论同样对此无动于衷。诚然，法学家能够在对待事实的时候或多或少保有灵活性和适应性，例如，在成文法之外也会留意到国家实践中形成的不成文规则，但这不会改变他对待现实的原则性立场。在法学上的真实与历史-社会学研究追求的真实之间，不可避免地存在某种分歧。问题不仅在于社会生活的动态进程会推翻固化的法律形式，故而法学家的分析注定滞后；即便法学家在其论断中可以说始终跟进最新事实，他对事实的传达也有别于社会学家， 94
因为法学家只要还是法学家，他就从这样一种国家概念出发，即国家是与其他一切个体力量和社会力量相对的独立力量。从历史和政治的观点看，强势的阶级组织或政党组织的决定，其意义可与议会或其他国家机构的决定相提并论，有时甚至更加重要。从法学的观点看，前一类事实仿佛并不存在。相反，如果抛开法学的观点，我们能在任何议会法令中看到的就不是国家行为，而是某些个人组成的一定团体或派系做出的决定，这些人就像其他一切集体那样受到个体利己主义动机或阶级动机的驱使。极端的规范主义者凯尔森由此得出结论：国家一般来说仅作为一种思想对象——一套封闭的规范秩序或应然秩序——而存在。可是，国家法科学的这种无形对象，当然会令实务法律人望而却步。因为他们即便不凭理性也会凭本能感觉到，他们的概念恰恰在罪恶的此岸世界中（而不仅在纯粹逻辑的王国中）有其确定无疑的实践意

义。法学家[所讨论]的“国家”虽有这样或那样的“意识形态性”，但却与某种客观实在互有关联，这就好比最虚幻的梦境仍然立足于现实。

这种客观实在首先是指带有物的因素和人的因素的国家机关。

资产阶级在创立各种完备的理论之前，就开始在实践中建设自己的国家。这一过程在西欧始于城市公社。[①] 封建世界还不知道封建主的个人资产和政治联盟的资产之间的区别，而在城市中才首次出现了公共城市财库，它起初只是零星的建制，后来成为常设建制；[②]“国家体制的精神”可以说获得其物质基座。

国家资产的出现，使以此为生者（公职人员和官吏）的出现成为可能。在封建时代，管理和司法的职能由封建主的仆从来履行。
95 在城市公社中首次出现了完全意义上的公职，权力的公共性找到了自己的物质化身。在私法意义上的委任状，即在授权[他人]完成交易意义上的委任状，与公职相分离。绝对君主制只消吸收这种在城市中已然形成的公共权力形式，并在更广阔的版图内加以运用。资产阶级国家体制的进一步改善——其既借助于革命的爆发，也借助于对君主制-封建制因素的和平适应——总是可以化约为一项原则，即参与市场交换的双方中的任何一方，都不能充当交

---

① Сравн. С. А. Котляревский, *Власть и право*, стр. 193.

② 古代日耳曼公社（马尔克）根本不是拥有资财的法人。公地的公共性，表现在它供马尔克的全体成员使用。出于公共需求的采集在当时只是零星进行，并且每一回需要多少就去采集多少。如有剩余则用于共餐。这一习俗表明，关于恒常公共资料的表象[对时人来说]是多么陌生。

换关系的强横调整者，而这就要求存在第三方，这第三方体现了作为所有者的商品占有者彼此给予的互惠保障，因而也是商品占有者之间交往规则的具象化。

资产阶级把这种法学立场的国家概念当作自己的理论基础，并努力将其付诸实践。当然，在付诸实践的时候，资产阶级遵循着“视条件而定”这一著名原则。[①]

因为资产阶级决不会为了理论的纯粹性而无视事情的另一方面，即阶级社会不仅是独立的商品占有者交汇的市场，同时也是无情的阶级斗争的竞技场，国家机器乃是其中最强有力的武器之一。96
在这个竞技场上，关系之形成决不会依照法的康德式定义的精神，即法是出于共同生活之需要而对个人自由做出的最低限度的约束。贡普洛维奇在此极为正确地指出：“这种类型的法从未存在过，因为自由度仅由他人的支配度来设定，共同生活的规范不取决于共同生活的可能性，而取决于支配能力。”在内政外交中作为强

① 英国资产阶级率先赢得世界市场上的统治地位，且由于身为岛国而感到高枕无忧，所以能够比他国资产阶级更彻底地推行“法治国”。在权力和各主体之间的相互关系中推行法律原则的最连贯方式，和确保权力担当者不脱离自身角色（即作为客观规范的化身）的最为奏效的方式，就是让国家机关服从独立的——这当然不是指独立于资产阶级——法院管辖。盎格鲁-撒克逊体制是对资产阶级民主的美化。不过可以说，在不同的历史条件下，资产阶级万不得已时能够容忍所谓“财产与国家相分离”的体制或者恺撒主义体制。这样一来，可以说当权派系以其不受限制的专横（其方向有二：对内压迫无产阶级，对外表现为帝国主义政策），为市民经营中的“人格的自由自决（свободного самоопределения личности）”奠定了基础。因此，按照科特利亚列夫斯基的观点，“私法个体主义一般而言与政治专制并存：在诞生《民法典》的那个时代，不仅法兰西国家制度缺乏政治自由，而且对于这种自由的兴趣有所衰减，雾月十八日政变就是鲜明佐证。但是，这种私法上的自由不仅必须忍受国家活动的众多方面；它还为后者整体打上特定的法权印记”（*Власть и право*，стр. 171）。关于拿破仑一世与市民社会的关系的精彩描绘，参见马克思的《神圣家族》（*Nachlass*，II，стр. 230）。

制力因素的国家，乃是资产阶级被迫对其“法治国”的理论和实践做出的修正。资产阶级的统治越不稳固，这些修正就越显出妥协的性质，“法治国”就越快沦为无形体的幽影，直到最后，阶级斗争的异常尖锐化迫使资产阶级完全撕去法治国的假面，暴露出政权之本质在于：一个阶级用于压制另一个阶级的有组织的暴力。

第六章　法与伦理生活 97

若要人类劳动的产品能够作为价值而相互关联起来，人们就应当作为独立平等的人格而相互关联起来。

如果一人受到另一人的支配，亦即他是奴隶，那么他的劳动就不再是价值的创造者和实体。奴隶的劳动力就像家畜的劳动力一样，只是把其生产和再生产的一定量的成本转移到产品上面。

杜冈-巴拉诺夫斯基（Туган-Барановский）由此得出结论：唯有从人之人格的至上价值及其等值性这一主导伦理理念出发，我们才能理解政治经济学。[①] 我们知道，马克思得出的结论恰好相反：他把人之人格的等值性这一伦理理念跟商品形式联系起来，亦即他从一切形态的人类劳动在实践中的同化而推导出该理念。

实际上，作为道德主体亦即作为等值人格的人，不过是按照价值规律进行交换的条件。作为权利主体亦即作为所有者的人，也是这样的条件。最后，这两项规定与第三项规定紧密挂钩，即人表现为利己主义的经济主体。

这三项规定不可通约甚至相互矛盾，它们反映了实现价值关

---

① См., *Основы политической экономии*, изд. 1917, стр. 60.［该书中译本参见〔俄〕M. N. 杜冈-巴拉诺夫斯基：《政治经济学原理》（上下册），赵维良、桂力生、王湧泉译，商务印书馆 1989 年版。——译者注］

系的必要条件之总和，而按照价值关系，人们在劳动过程中的联系表现为所交换之产品的物性特质。

如果我们把这些规定从它们所表达的实际社会关系中剥离出来，并试图将其作为自足的范畴（亦即以纯粹理智的方式）加以发
98 展，则会导致重重矛盾和悖论。[①] 但在实际的交换关系中，这些矛盾辩证地结合为某种整体。

交换者应当是利己主义者，亦即遵循赤裸裸的经济计算，否则价值关系就不能表现为社会必要关系。交换者应当是法的担当者，即拥有自主决定的能力，因为**他的意志**应当“体现在这些物中”。最后，交换者体现了人之人格的根本等值性原则，因为在交换中，所有形态的劳动彼此等同，并化约为抽象人类劳动。

因此，上述三个环节或者（按照人们早先惯于表述的那样）三项原则——利己主义、自由、人格的至上价值——彼此不可分割，以其总体代表着同一社会关系的理性表达。利己主义主体、法的主体和道德人格，这些是人在游走于商品生产社会时所佩戴的三大面具。价值关系经济学为理解法和道德的结构提供了钥匙，但这不是就法规范或道德规范的具体内容来说的，而是就其形式本

① 小资产阶级革命者雅各宾派悲剧性地陷入这些互为窒碍的矛盾中，因为他们想让资产阶级社会的现实发展服从那些承袭于古罗马的公民美德公式。马克思对此评论道：“他们认为必须以人权的形式承认和批准现代资产阶级社会，即工业、普遍竞争、自由地追求自己目的的私人利益、无政府状态、自我异化的自然个性和精神个性的社会，同时又力图在事后通过单个的个体来取缔这个社会的各种生命表现，同时还力图以古典古代的形式来造就这个社会的政治首脑，这是多么巨大的迷误！”*Nachlass*，II，стр. 229.（语出《神圣家族》第六章中的“对法国革命的批判的战斗”，载《马克思恩格斯文集》第1卷，人民出版社2009年版，第324页。——译者注）

身来说的。关于人之人格的根本价值和等值性的理念源远流长：它经由斯多葛哲学进入罗马法学家的惯例和基督教会的教义，继而进入自然法学说。古罗马奴隶制的存在并不妨碍塞涅卡(Seneca)形成如下信念："即便身体得不着自由、从属于主人，灵魂也仍然始终是自主的。"从本质上讲，与这种公式相比，康德只是往前迈出了一小步，因为他精巧地结合了人格的根本自主性与关于主仆间关系的纯农奴制观点。但是，不论这种理念披上怎样的外衣，我们能在其中找到的不过是如下事实的表达，即只要劳动产品 99
开始作为商品进行交换，各种具体形态的社会有用劳动就化约为一般劳动。在其他一切关系中，人们(在性别、阶级等方面)的不平等从古至今如此显明，以至于令人称奇的倒不是人之自然平等性学说的各个对手竟能对其提出洋洋大观的反对理由，而是在马克思之前并且除马克思之外，竟然无人追问催生这种自然法偏见的历史原因。毕竟，如果人类思想在数个世纪的历程中百折不挠地回到人人平等这一论题，并且想方设法加以阐发，那么在该论点的背后就必定隐藏着某种客观关系。毫无疑问，道德人格或等值人格的概念是一种意识形态构成物，故而并不合乎现实。利己主义经济主体同样是对真正现实的意识形态扭曲。不过，这两种界定合乎一种独特的社会关系，并且仅仅抽象地从而是片面地将其表达出来。总的来说，我们已有机会指出，"意识形态"这一概念或用词不应阻却我们进一步的分析。安于"人人平等乃是意识形态的产物"这一点，有取巧之嫌。"下"和"上"不过是表达我们的"地球"意识形态的概念，但这对概念是以地球引力这一确凿事实为基础的。

人一旦认清使自己产生上下之分的真正原因在于那指向地心的引力，他也就知道这些定义的限度，知道它们不足以适用于整个宇宙的现实。因此，查明概念的意识形态性与查明概念的真实性，是一体两面之事。

如果说道德人格不过是商品生产社会的主体，那么道德律就应当表现为商品占有者的交往规则。这就不免造成道德律的二重性。一方面，道德律应当具有社会性，从而凌驾于个别人格之上。另一方面，商品占有者依其本性乃是自由——取得和让渡的自由——的担当者，因此，商品占有者的交往规则应当透入每个商品占有者的灵魂，成为他的内心法则。康德的定言命令式将这些相
100 互矛盾的要求统合起来。定言命令式是超个体的，因为它无关乎任何自然冲动（恐惧、同情、怜悯、团结一心等）。照康德的表述，它无所慑服，无所劝导，无所迎合。它一般而言外在于任何经验的亦即单纯属人的动机。同时，它独立于一切外部压力（就该词的字面本意而言）。它完全出于对其普遍性的意识而发挥作用。康德式伦理是商品生产社会的最典型伦理，同时也是一般伦理的最纯粹、最完备形式。分解为原子的资产阶级社会，使人格摆脱父权制和封建制时代的有机联系，力求在实践中体现一定的形式，这种形式被康德赋予了逻辑上完备的形态。[①]

① 康德的伦理学说跟上帝信仰毫不违和，而且还代表着它最后的庇护所，但总的来说，这种联系并无逻辑必然性。此外，受到定言命令式荫庇的上帝，其本身成为极为纤弱的抽象物，很难起到震慑人民群众的作用。因此，封建僧侣反动势力认为必须驳斥康德那无生命的形式主义，而提出己方的更加可靠的、可以说是“发号施令的”上帝，并以“耻·怜·敬”的生动感觉取代抽象的定言命令式（索洛维约夫）。

因此，如果我们切断基本道德概念跟商品生产社会的联系，并试图将其适用于任何其他的社会结构，那么基本道德概念就将成为虚有其表的东西。定言命令式绝不是一种社会本能，因为这种命令式的基本使命，是要在不可能有任何自然的、有机的、超个体的动机的地方发挥作用的。但凡个体之间存在着密切的情感联系，而这种联系使“我（личного я）”的边界变模糊，则道德本分（морального долга）的现象就不可能发生。要理解道德本分这个范畴，就不宜从例如存在于雌兽和幼崽之间，或者氏族和其各个成员之间的有机联系出发，而必须从孤立状态出发。道德存在（моральное бытие）是法律存在（юридического бытия）的必要补充，二者都是商品生产者的交往方式。康德定言命令式的全部情怀归结为：人“自由地”（亦即按其内在信念）做他在法的层面将被强迫去做的事情。康德为说明自己的思想而举出的那些事例十分典型。它们完全归结为资产阶级教养的显现。英雄气概和丰功伟绩，在康德定言命令式的框架内找不到它们的位置。只要你不要 101
求他人的自我牺牲，也就完全不必牺牲自己。为实现自己的历史志业、自己的社会职责而舍己忘我的“癫狂”举动，即显示出社会本能之极限张力的举动，处在严格意义上的伦理之外。[①]

叔本华（Schopenhauer）和他之后的索洛维约夫（В. Соловьев），把法界定为某种伦理底线。同理，伦理可被界定为某种社会底线。社会感情的更高升华超出了严格意义上的伦理，是由现代人从先

---

① 因此，例如马加济涅尔（Магазинер）教授无疑是正确的，他正是按照这种“适度和切当”的精神来看待伦理的，并将其同驱使人们超越本分的那些英雄事迹相对照。См.，*Общее учение о государстве*，стр. 50.

前时代的有机生活方式、特别是氏族生活方式那里继受下来的。例如，在比较古代日耳曼人和开化的罗马人的特征时，恩格斯这样说道："他们[即日耳曼人]的个人才能和勇敢，他们的自由意识，以及把一切公共的事情看做是自己的事情的民主本能——所有这一切，如果不是高级阶段野蛮人的特征，即他们的氏族制度的果实，又是什么呢？"[①]

理性主义伦理实际凌驾于那些强有力且非理性的社会本能，凭的就是它面向所有人（всечеловечностью）。它突破了一切有机的、必然狭隘的框架（氏族、部落、民族），努力成为普遍的东西。它由此反映出人类的一定物质成就，即贸易转变为世界贸易。"人不分希腊犹太"这一说法，反映了罗马政权所统一的各民族的历史上极为真切的事实。

既然与异邦人（即有着异己的习俗、语言、宗教的人）的贸易往来实践，在当年[向罗马人]强加了伦理形式（从而，法权形式）的普遍主义——人人平等，人人都有同样的"灵魂"，人人都能成为法的主体，等等——那么，要是这种普遍主义关系到弃绝一个人根深蒂固的特有习俗，弃绝那种对于本邦的厚爱和对异邦的鄙薄，这种普遍主义起初就难以得到正面评价。因此，例如梅因（Maine）指出，万民法本身的起因既涉及罗马人对一切异邦法所怀有的轻蔑态

① Энгельс, *Происхождение семьи, частной собственности и государства*, 20-е нем. изд., стр. 161.（这里的引文在"民主本能"后面缺了一段话，即"总之，罗马人所丧失的一切品质，而只有这些品质才能从罗马世界的污泥中造成新的国家，培养出新的民族"。参见《马克思恩格斯全集》第 28 卷，人民出版社 2018 年版，第 183 页。——译者注）

度，也涉及罗马人不愿向异邦人授予那些基于罗马本土市民法的优越地位。依梅因之见，古罗马人就像不喜欢异邦人那样不喜欢 102
万民法，万民法是照顾异邦人利益的。“衡平(aequitas)”这个词本身意味着一视同仁，该表述起初多半并未带有丝毫伦理色彩，而且我们没有理由假定，除了嫌恶之外，该表述所指称的程序还会在原始罗马人的头脑中激起别的什么反应。[①]

然而，后来，理性主义伦理对商品生产社会来说代表着最大成就和最高文化财富，人们往往以热烈的口吻去谈论它。只消回想起康德的名言即可为证：“有两样东西，人们越是经常持久地对之凝神思索，它们就越是使内心充满常新而日增的惊奇和敬畏：我头上的星空和我心中的道德律。”[②]

与此同时，人们在谈论“自由”履行伦理生活上的(нравственного)本分的事例时，总会提到对乞丐的惯常施舍，纵然在撒谎可以不受惩罚的情况下亦拒绝撒谎，等等。另一方面，考茨基(Kautsky)完全正确地注意到，如果在实践中某人有可能被当作他人的手段，那么在此场合下，将他人视为目的本身这一规则就有意义。伦理生活的情怀同社会实践的崩坏密不可分，并靠后者提供养分。伦理(Этические)学说号称要变革和改善世界，而实际上它们只是现实世界的一个方面(即人们的关系服从价值规律这一方面)的歪曲反映。切勿忘记，道德(моральная)人格仅是三位一体的主体的位格之一；作为目的本身的人，是利己主义经济主体的另一面。一种行

① Сравн. Мэн, *Древнее право*, Русск. пер. 1873 г., стр. 40 и 47.

② Kant, *Kritik d. praktischen Vernunft*, стр. 96, нем. изд. 1914 г.(〔德〕康德：《实践理性批判》，邓晓芒译，人民出版社 2016 年版，第 201 页。——译者注)

为作为伦理原则之现实的且唯一实在的化身，其本身就包含着对伦理原则的否定。大资本家“善意地(bona fide)”搞垮了小资本家，而丝毫未侵损后者人格的绝对价值。无产者的人格与资本家的人格“在原则上是等值的”；这表现为一个事实，即“自由的”雇佣契约。但对无产者来说，这种“物质化的自由”意味着可能在饥肠辘辘中悄然死去。

伦理形式的这种二义性，不是偶然的东西，即不是某种取决于
103 资本主义特有弊病的外在缺陷。相反，它是伦理形式本身的本质特征。消灭伦理形式的二义性，就意味着转入有计划的社会经济，而这又意味着实行这样一套体制，即在其中，人们可以运用简明的利害概念来建立和思考他们的关系。在最本质的层面(即人们的物质存在领域)消灭伦理形式的二义性，就意味着消灭整个伦理形式。

纯粹功利主义力求驱散那笼罩着伦理学说的形而上学迷雾，故而正是从利害的观点来考量善恶概念的。这样一来，它当然也就消灭了伦理，或者毋宁说是尝试着消灭和克服伦理。因为只有在克服商品拜物教和法权拜物教的同时，人们才能实际完成对伦理崇拜物的克服。以简明的利害概念指导自身行为的人们，在表达他们的社会关系时，既用不到价值术语，也用不到法律术语。在人类到达这一历史发展阶段之前，亦即在资本主义时代的遗产被清理之前，理论思想的努力只能预见那行将来临的解放，而无法将其付诸实践。我们应当在此回想一下马克思关于商品拜物教的论述：“后来科学发现，劳动产品作为价值，只是生产它们时所耗费的人类劳动的物的表现，这一发现在人类发展史上划了一个时代，但

它决没有消除劳动的社会性质的物的外观。”①

但有人会这样反驳我：无产阶级的阶级道德正在得以摆脱一切崇拜物。道德本分就是对阶级有利的东西。这样一来，道德就不包含任何绝对的东西（因为在今日有利的东西到了明日就可能不再有利），也不包含任何神秘的或超自然的东西（毕竟利益原则既简单又合理）。

毫无疑问，无产阶级的道德，或者更确切地说是其中先进分子的道德，通过（譬如说）祛除宗教因素而失去了自身的严格拜物教特征。但是，道德即便从宗教因素的杂质中完全解放出来，也仍旧是道德，亦即这样一种社会关系形式，在其中的一切东西尚未归结于人本身。如果与阶级的鲜活联系事实上极为强固，以至于“我”的边界似被抹杀，并且阶级利益和个人利益现实地交融在一起，那么谈论道德本分的履行就没有意义，道德现象也就荡然无存。在
没有发生这种交融的场合，不免出现道德本分的抽象关系及其一 104
切附随后果。“按照最有利于阶级的方式行事”这一规则，听起来会跟康德的以下公式如出一辙，即按照你行为的信条能够担当普遍立法原则的那种方式去行事。全部区别在于，我们在前一种情况下引入了具体的限制，为伦理逻辑安置了阶级框架。② 但伦理逻辑在此框架内保有完全的效力。伦理的阶级内容本身并不消灭

---

① 参见《马克思恩格斯文集》第 5 卷，人民出版社 2009 年版，第 91 页。——译者注

② 不消说，在一个被阶级斗争撕裂的社会里，超阶级的伦理仅可栖居于想象中，而决不能存在于实践中。工人如果不顾参与罢工所导致的个人困苦而依然决定参与罢工，则可将他的决定表述为一项道德义务，即令他的私人利益服从共同利益。但不证自明的是，这种共同利益的概念中不可能包含着斗争所针对的资本家的利益。

伦理的形式。我们所指的不仅是逻辑形式，还有实际呈现形式。在无产者的亦即阶级的集体内部，我们能看到在形式上一样的、用于落实道德上的当为之事（морально-должного）的方法，这些方法由两种相对立的因素构成。一方面，集体不排除通过五花八门的手段向成员施压，促使他们完成道德上的当为之事。另一方面，该集体把某行为认定为道德行为的唯一条件，是这种作为动机的外部压力被认为不存在。正因为如此，道德和道德行为在社会实践中与伪善密切相关。诚然，在无产阶级的生活条件中，包含着发展出人格和集体之间崭新的、更高的、更和谐的关系形式的前提。关乎无产者阶级团结之彰显的那些事实可资为证。但是，旧事物仍与新事物并存。道德人（моральный человек）仍与代表着未来的社会人（социальным человеком）并存，前者承担着或多或少抽象的本分，后者使自我融入集体，并从中找到极致的满足和生活的意义。后一种形式[即社会人]的胜利，相当于从私有制关系的一切残余中彻底解放出来，并按共产主义精神最终改造人类。当然，这项任务决不是纯意识形态性的或教育性的。新型关系要求创建和巩固新的物质基础亦即经济基础。

所以我们务必记住，道德、法和国家是资产阶级社会的诸形式。

105 如果说无产阶级被迫利用这些形式，那么，这绝不意味着这些形式能够朝着为自身填充社会主义内容的方向进一步发展。这些形式无从容纳这种内容，只得随着这种内容的落实而消亡。然而在当前的过渡时期，无产阶级出于自己的阶级利益，要利用这些从资产阶级社会继受下来的形式，由此将其耗尽。为此，无产阶级首先要对这些形式的历史起源持有一种完全清晰的、摆脱了意识形态迷雾的观念。无产阶级不仅应以批判的、清醒的态度对待资产阶级国家和资产阶级道德，而且应以同样态度对待自己的国家和自己的无产阶级道德，也就是说，认清其生灭皆有历史必然性。[①]

马克思在批判蒲鲁东时特别指出，抽象的正义概念决不是绝对且永恒的标准，仿佛我们能够用它建立理想的（亦即正义的）交换关系。那将意味着力图“按照‘特殊性’和‘亲和性’这些‘永恒观念’来改造化学上的物质变换，而不去研究它的现实规律”。[②] 因为正义概念源于交换关系，在此之外，它不表达任何东西。其实，跟我们在前面分析过的人人平等概念相比，正义概念本身并不包

① 这是否意味着“未来的社会不存在伦理生活”？如果我们从广义上理解伦理生活，将它视为人道的最高形式的发展，视为人转变为类存在（套用马克思的措辞），那么答案当然是否定的；我们在此谈论的是另外的东西，即道德意识和道德行为的一些独特形式，它们业已完成自己的历史任务，应当让位于人格和集体之间关系的其他更高形式。——俄文第三版注

② 英译者没有查到准确出处，推断来自《哲学的贫困》。我们认为，帕舒卡尼斯可能是凭记忆转述了马克思《资本论》第1卷一处脚注中关于蒲鲁东的批判意见。这处脚注是在说明如下经典命题，即“经济关系决定法的关系的内容”。马克思写道：“蒲鲁东先从与商品生产相适应的法的关系中提取他的公平的理想，永恒公平的理想。顺便说一下，这就给一切庸人提供了一个使他们感到宽慰的论据，即商品生产形式像公平一样也是永恒的。然后，他反过来又想按照这种理想来改造现实的商品生产和与之相适应的现实的法。如果一个化学家不去研究物质变换的现实规律，并根据这些规律解决一定的问题，却要按照‘自然性’和‘亲和性’这些‘永恒观念’来改造物质变换，那么对于这样的化学家人们该怎样想呢？”参见《马克思恩格斯文集》第5卷，人民出版社2009年版，第103—104页。这段引文中的“公平”，对应着马克思标注的德文单词“Gerechtigkeit”和法文单词“justice”，现在通常译为“正义”。列宁后来在《民粹主义的经济内容及其在司徒卢威先生的书中受到的批评》（1895年）里面，曾援引这段话来回应米海洛夫斯基，参见《列宁全集》第1卷，人民出版社2013年版，第379页。——译者注

含任何本质上的新东西。可见，要从正义理念中看出某种独立且绝对的标准，乃是无稽之谈。诚然，若加以巧妙利用，它能提供更多机会来把不平等解释为平等，从而特别有助于掩盖伦理形式的二义性。而另一方面，正义是伦理下行至法的台阶。伦理生活上的行为应当是“自由的”，正义是可被强迫的。强制去做伦理生活上的行为，相当于否定它本身的存在；相反，正义是对人的公开“回
106 报”，它允许有外部的实施和活跃的利己主义关切。伦理形式与法权形式的主要分合之处，在此可见一斑。

交换，亦即商品流通，假定交换双方相互承认为所有者。在形式上表现为内在信念或定言命令式的这种承认，是商品生产者社会能够达到的、可以想见的上限。在这个上限之外，还存在着保障商品流通得以顺畅进行的底线。要落实这一底线，只消商品占有者在行事时**好像**他们彼此承认为所有者即可。道德行为与合法行为相对，后者的特征就在于无关乎行为动机。还债究竟是由于“迟早要被迫偿付”，抑或由于债务人自感在道德上有义务这样做，从法学的观点看全无干系。显然，外部强制的理念，以及不仅是理念，还有这种强制的组织，都构成法权形式的本质方面。如果说在纯理论层面，法权交往可被建构为交换关系的反面，那么它在实践中的实现则要求有或多或少稳固的一般模式、周密的决疑法、(最后是)将这些模式适用于个案并确保决定得到强制执行的专门组织。国家政权是满足这些要求的最佳方式，尽管法权交往经常用不着国家政权的支持，就在习惯法、自愿仲裁庭、自力救济等基础上展开。

强制职能如果未被组织起来，而且未由凌驾于各方之上的专

门机构来掌管，那么它就表现为所谓的“互惠”；均势条件下的互惠原则，至今还是国际法唯一的、（必须说是）极不坚固的基础。

另一方面，法权主张有别于道德主张，不表现为“内在的心声”，而表现为出自具体主体的外在要求，该主体通常同时也是相关物质利益的担当者。[①] 因此，法权上的本分（правового долга）[②] 107
的履行，最终从义务人方面的一切主观因素中异化出来，并且采取一种外在的、近乎物的形式来**满足要求**。法权上的本分这一概念本身因而很成问题。要做到足够融贯，通常就得像宾德尔（Binder）那样认为，[③]与权利相对应的义务（обязанность）跟“当为（долженствованием/Pflicht）”毫无共性，而仅仅作为责任

① 私法的情况就是如此，而私法又是一般法权形式的原型。出自公权力机关的“法权的”要求——其背后没有任何私利——不过是对政治生活事实的法律刻画。这种刻画的特征视宗旨不同而各有分别；因此，从法律上理解国家时不免落入多元论。国家政权若被描绘为凌驾于各方面（主体）之上的客观规则的化身，它似乎便与规范合而为一，达致最大限度的非人格性和抽象性。国家的要求表现为公正无私的制定法。这样一来，国家几乎不可能被设想为主体——它简直丧失了一切实体性，彻底转变为现实主体（商品占有者）交往的抽象保障。这种观念作为最纯粹的法学立场的国家观，正得到凯尔森领衔的奥地利规范[法]学派的拥护。

相反，在国际关系中，国家完全不表现为客观规范的化身，而表现为主观权利的担当者，亦即带有一切实体性和利己主义关切的属性。以国库身份成为与私人的诉争中的一方时，国家扮演着同样的角色。在这两种国家观之间，可有多种居间的和混杂的形式。

② 这里“долг”直译为“债”，也可泛指有拘束力的义务或关系纽带。除某些地方视语境保留“债”的日常译法之外，我们一般译成“本分”，以便跟书中“обязанность”和“долженствование”意义上的义务区分开。德文版在这里用两个不同词汇“Rechtspflicht”和“Rechtsverpflichtung”对译“правового долга”，而同时又明确区分了“Pflicht”和“Verpflichtung”，这实际上造成一定的概念混乱。此外值得一提的是，“долженствование”被帕舒卡尼斯用作“Sollen”和“Pflicht”共同的俄文对译词。——译者注

③ Binder, *Rechtsnorm und Rechtspflicht*, 1912.

(ответственность/Haftung)存在于法律上;“担责的(обязан)”无非意味着“在司法程序中和判决的强制执行中,以自己的资财(在刑法上亦以自己的人身)来负责”。宾德尔得到的结论在多数法学家看来是悖理的,其可用一项简便公式来表达,即“法并不在法律上规定任何当为(право юридически не возлагает никакого долженствования)”,而其实那些结论只是一以贯之地贯彻了康德所设定的概念划分。但是,这种对于道德领域和法律领域的清晰划分,恰恰成为使资产阶级法哲学最感束手无策的矛盾的源头。如果法权上的当为与“内心的”道德当为毫无干系,那便无法区分对法的服从和对强制力本身的服从。另一方面,如果我们承认当为因素——哪怕它的主观色彩微乎其微——是法的本质特点,那么,法作为社会必要底线的意义就立刻丧失了。资产阶级法哲学就在这种基本矛盾中,在这种同自身固有前提的无休止斗争中走向穷途末路。

108 有趣的是,本质上的同一矛盾表现为两种不同形式,这取决于所谈论的是法与伦理生活的关系,还是国家与法的关系。在第一种情况下,当法相对于伦理生活的独立性得到肯认时,法便由于对外部权威强制因素的着力强调而与国家融为一体。在第二种情况下,当法与国家(亦即事实上的统治)相对立时,德文词“应当(sollen)”[而非“必须(müssen)”]意义上的当为因素就不免出场,可以说我们也就面对着伦理生活的与法权的统一战线。

彼得拉日茨基教授试图为法找到这样一种当为,[1]它既是绝对的(亦即伦理性的),同时又区别于伦理生活上的当为,但他劳而

① См.,*Введение в изучение права и нравственности*.

无获。我们知道，彼得拉日茨基教授把法权上的本分（долга）这一范畴，建构为一种系于某人、由某人应得并且可由这个人从我们这里索求的债（долга）。相反，伦理生活上的义务在他看来仅向我们规定了一定的行为，而并不使他人有权[向我们]要求他们所奉行的东西。因此，法具有双边的命令式-归属的特征，伦理生活具有单边拘束性或纯粹命令式的特征。彼得拉日茨基教授立足于自省，令我们确信他能够轻易区分法权上的当为和伦理生活上的当为，前者促使他向债权人偿还当初所借金额，后者促使他向乞丐施舍。但这种[区分的]清晰性似是彼得拉日茨基教授独具一格之处，而比方说，特鲁别茨科伊（Е. Трубецкой）教授就使我们确信，[①]从心理上，向乞丐施舍的义务系于乞丐就像还债的义务系于债权人那样（顺便提一下，这种情况对乞丐而言倒不失为一桩美事，可对债权人来说并不如此）。另一方面，莱斯涅尔教授认为，关乎所系义务的情感完全归属于权力心理学。所以，如果说在特鲁别茨科伊教授那里，债权人（及其要求）“在心理上”跟乞丐如出一辙，那么在莱斯涅尔教授那里，债权人恰好处在领导地位。也就是说，我们已通过合乎逻辑和体系的形式概括为概念矛盾的那种矛盾，在此作为基于自省资料的矛盾重新亮相。但其含义一以贯之。法权上的当为无法为自己找到独立的意义，而始终摇摆于两端之间：一端是外部的强制，另一端是“自由的”伦理生活上的本分。

于是，体系的矛盾一如既往地反映着现实生活的矛盾，而道德的形式和法的形式就是在现实生活这一社会环境之内创生的。个 109

① *Энциклопедия права*，стр. 28. М. 1908 г.

体事物与社会事物之间、私的事物与一般事物之间的矛盾——资产阶级法哲学对其调和感到一筹莫展——正构成作为商品生产者社会的资产阶级社会的生活基础。该矛盾在此体现于这样一些人的实际关系中,他们唯有按那荒诞的且有神秘化作用的商品价值形式,才能把私人努力视为社会努力。

第七章　法与违法 110

《罗斯法典》（*Русская Правда*）是出现于我国历史上基辅罗斯时期的最古老法律文物。在其由43条组成的那个版本（即所谓公认抄本）里，[1]仅有2条不涉及刑事或民事的违法；其余条款要么规定了制裁措施，要么包含着适用于违法情形的程序规则。可见，对规范的背离在彼在此皆为前提。[2] 日耳曼部落的所谓“蛮族法典”也呈现同样的面貌。于是，例如，在《萨利克法典》的408条中，仅有65条不具备惩罚性。罗马法的最古老文物《十二表法》，其开篇规则便对传唤出庭的程序做出规定：“如果被传唤出庭，就该去。如果不去，召唤证人。然后强制他去。”[3]

---

① 《罗斯法典》又译《罗斯真理》，具体内容和学术评价参见王海军：《〈罗斯法典〉研究》，北京大学出版社2014年版；王钺：《〈罗斯法典〉译注》，兰州大学出版社1987年版；*Medieval Russian Laws*, translated by G. Vernadsky, Columbia University Press, 1947。帕舒卡尼斯所援引的43条版，是指简编本的《罗斯法典》，包括《雅罗斯拉夫法典》和《雅罗斯拉维奇法典》两部分，中译本参见《罗斯真理（简明版）》（选译），张寿民译，载《外国法制史汇刊》第一集，武汉大学出版社1984年版，第202—206页。——译者注

② 几乎用不着专门提及以下情况：在这初始的发展阶段上，所谓刑事和民事的不法（неправда）别无二致。损害即要求报应的观念占主导地位；就受损害者提起诉讼并通过罚款获得满足而言，盗窃、抢劫、杀人、拒不还债被当作相同事由。

③ XII таблиц. Изд. Никольского, 1897 г., стр. 1.（帕舒卡尼斯抄录的原文是“Si in jus vocat, ni it, antestamino. Igitur im carito.”。文字疑误，应为“Si in ius vocat, ito. Ni it, antestamino. Igitur em capito.”译文以此为据。完整的《十二表法》中译本，参见徐国栋、阿尔多·贝特鲁奇、纪蔚民译：《〈十二表法〉新译本》，载《河北法学》2005年第11期。——译者注）

著名法史学家梅因这样评论道:“我认为可以确定的是,法典越古老,其刑事立法就越详备。”[1]

不守规范、违反规范、打破常态交往以及由此造成的冲突,乃是古代立法的出发点和首要内容。相反,常态并不是自始按其本相定下来的。当安宁祥和的生活遭到破坏,固定且准确厘定彼此权利义务的范围和内容的要求便应运而生。按这样的观点,边沁(Bentham)的以下说法是对的,即制定法通过创设犯罪来创设法权。法律交往在历史上首先是基于违法事实而获得自身独有特征
111 的。盗窃概念的确定时间早于所有权概念。由借贷产生的关系因应着借入者不愿偿还的情况:“一人向另一人讨债而遭到拒绝”,等等。[2] “pactum”这个词的本义绝不是指一般而言的契约,而是指和平(pax),亦即以友好方式结束仇恨;“和”终止“不和”。[3]

因此,如果说私法最直接地反映了法权形式本身的最一般的存续条件,那么刑法就是法律交往达到最大张力状态的领域。在这里,法律因素率先极为明显地脱离日常生活,并取得完全的独立性。具体人的行为朝向当事人亦即法律主体行为的转变,尤其彰显于司法过程。为使日常的行为和意思表示区别于法律上的意思表示,古代法运用了特殊的、郑重的程式和礼则。司法过程的戏剧性,在事实世界之旁轮廓分明地创建出独特的法律存在物。

---

① Г. С. Мэн, *Древнее право*, перев. Н. Белозерской, 1872 г., стр. 288.(此处根据梅因《古代法》的英文原文译出。俄译本的表述为:“应当被视为通则的是,法典越古老,其中的刑法部分就越详备。”——译者注)

② *Русская Правда*, Академический список, стр. 14.

③ Сравн. Иеринг, *Дух римского права*, ч. I, стр. 118, русск. перев. 1875 г.(这里引证的是耶林《罗马法的精神》1875 年俄译本第 1 卷。——译者注)

在法的所有类型中，要数刑法有能力以最直接、最粗暴的方式影响个人。于是，刑法总引来人们最炽烈、最务实的兴趣。制定法和对违法行为的惩罚通常息息相关，因此，刑法似乎充当一般而言的法的代表，以部分代整体。

刑法的起源在历史上跟血亲复仇的习俗相关。在发生学上，这两种现象无疑是一脉相承的。但是，复仇仅仅因为后来的命金(вира)和刑罚才**真正**成为**复仇**，也就是说，在此一如人类历史上经常发生的那样，后续的发展阶段可以释明先前形式中蕴藏着的线索。我们若从相反的一端切入这同一现象，能看到的不过是生存斗争，亦即单纯生物学上的事实。对考虑晚近时代的刑法理论家而言，血亲复仇跟“同态报复法(jus talionis)”亦即对等报复原则大同小异，据此受害者或其氏族若已报仇雪恨就会排除进一步复仇的可能性。实际上，正如科瓦列夫斯基(M. Ковалевский)恰当表明的那样，血亲复仇的最古老特征截然不同。氏族间的残杀代代 112
相传。即便通过报复一雪旧恨，其本身也构成新一轮复仇的基础。受害者及其氏族又成为施害方——就这样代代相传，常常直至敌对氏族同归于尽。[①]

仅当抵偿制度或赎金制度开始在复仇之外确立的时候，复仇才开始受到习俗的规制，并转变为依据“以眼还眼、以牙还牙”这一同态报复规则的报应。等价理念——这个居首位的纯粹法权理念——同样根源于商品形式。犯罪可被视为[商品]流通的特殊变

① Сравн. М. Ковалевский, *Современный обычай и древний закон*, II, М., 1886, стр. 37—38.(该书有英译本，参见 M. Kovalevsky, *Modern Custom and Ancient Law of Russia*, D. Nutt, 1891。——译者注)

种，在其中，交换关系亦即契约关系是事后（post factum）确定的，也就是说在某一方当事人采取专横行为之后。犯罪和报应之间的比例化约为同样的交换比例。故而，亚里士多德谈到作为公平形式的交换中的相等，将其分为两个亚种，即经由自愿行为的相等和经由非自愿行为的相等；他把买卖、借贷以及诸如此类的经济关系归入自愿行为，把招致（作为某种等价物的）刑罚的犯罪归入非自愿行为。他同样把犯罪界定为违背意志的缔约。刑罚表现为弥补受害者所受损害的等价物。我们知道，胡果·格劳秀斯也领会了这一理念。这些建构不论乍看之下多么幼稚，与现代法学家的折中主义理论相比，其间却隐藏着对法的形式远为敏锐的鉴别力。

以复仇和刑罚为例，我们能够特别清楚地观察到，有机的和生物学上的事物如何在潜滋暗长中过渡到法律事物。以下情况强化了这种融合，即人无法抛却他惯常的那种对于动物生活现象的法律解释（或伦理解释）。人不经意间在动物活动中发现的意义，其实是由后续发展亦即人的历史发展赋予那些活动的。

实际上，自卫行为是动物生活最自然的表现之一。我们所见到的自卫，到底是个别动物的个体反应抑或由集体所实施，那无关
113 紧要。观察蜜蜂生活的学者们证明，如有蜜蜂试图钻进别家的蜂巢偷取蜂蜜，把守入口的蜜蜂旋即就会冲上去发起螫刺；它如已钻进蜂巢，一经发现就会立刻被消灭。反应与引起反应的条件相隔一段时间，这样的情况在动物世界同样不算稀见。[也就是说]动物没有立即对侵犯做出反应，而是延迟到更方便的时机下手。自卫在此变成了真正意义上的复仇。而由于对现代人来说，复仇跟对等报复的理念密不可分，所以不足为奇的是，例如，菲利（Ferri）

乐意承认动物有“法律的”本能。[①]

实际上，法律理念，亦即等价理念，仅在一定的经济发展阶段上才完全明晰起来并得到客观实现，在该阶段，此种形式作为交换中的相等而俯拾即是，也就是说，一概发生在人类社会而非动物世界中。这绝不意味着赎金必然完全代替复仇。如果当事人把赎金视为可耻的东西而予以拒绝（这一看法在原始民族那里长期居于支配地位），并且认为实施个人复仇是一种神圣的义务，那么正是在这类情况下，复仇行为本身便染上它在还不属于可替换事物时不曾有过的色彩。可以说，复仇体现着关于唯一恰如其分的报应方式的表象。不同意赎折，就相当于强调血债血偿乃唯一等价的操作。复仇一旦跟等价交换（即按照价值交换）的形式建立这样或那样的联系，就从纯生物学现象变为法律制度。

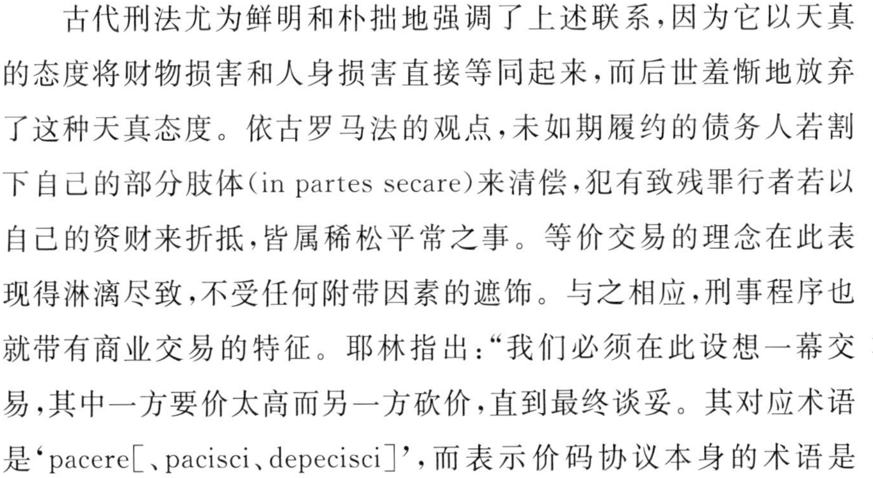

古代刑法尤为鲜明和朴拙地强调了上述联系，因为它以天真的态度将财物损害和人身损害直接等同起来，而后世羞惭地放弃了这种天真态度。依古罗马法的观点，未如期履约的债务人若割下自己的部分肢体（in partes secare）来清偿，犯有致残罪行者若以自己的资财来折抵，皆属稀松平常之事。等价交易的理念在此表现得淋漓尽致，不受任何附带因素的遮饰。与之相应，刑事程序也就带有商业交易的特征。耶林指出：“我们必须在此设想一幕交 114
易，其中一方要价太高而另一方砍价，直到最终谈妥。其对应术语是‘pacere[、pacisci、depecisci]’，而表示价码协议本身的术语是

① См. Э. Ферри, *Уголовная социология*, том II, пер. с пред. Дриля, стр. 37.（该书的意大利文标题是 *Sociologia criminale*，中译本参见〔意〕恩里科·菲利：《犯罪社会学》，郭建安译，商务印书馆2018年版。——译者注）

‘pactum’。”耶林补充道：“在此开始出现古代斯堪的纳维亚法上的调停人这一职务，他是双方当事人选定的，由他确定和解的总金额”（他就是罗马人原本理解的“arbiter”）。[①]

至于所谓的公共刑罚，毫无疑问，其最初主要是出于财政方面的考虑而引入的，用于充实官员的财库。梅因说：“国家并不因为据说由国家罹受的不法行为，而从被告那里获得抵偿金，国家只是从原告应得的赔偿中要求一定份额，作为所耗时间精力的公道报偿。”[②]我们从俄罗斯历史了解到，王公们当年孜孜不懈地征缴这种“所耗时间的公道报偿”，以至于（按照编年史作者的叙述）“罗斯大地由于命金和罚金而生灵涂炭”。然而，这种司法劫掠现象不仅可见于古罗斯，亦可见于查理曼的帝国。在古罗斯王公的心目中，司法收入跟其他收入毫无二致。他们将司法收入赏赐给自己的仆从，瓜分司法收入，诸如此类。交纳用于赎身的一定金额，就可以免受王公法庭的审判（参见《罗斯法典》关于野蛮命金的规定）。

然而，在作为收入来源的公共刑罚之外，用于维持纪律、保障僧侣-军事政权权威的刑罚早就出现了。我们知道，在古罗马，大多数重罪同时也是渎神的犯罪。[③] 因此，例如，恶意移动界桩作为针对土地所有者的主要违法行为之一，自古被视为宗教犯罪，而罪

---

① Иеринг，*Дух римского права*，I，стр. 118，русск. перев.（[ ]中的内容是根据德文增补的。——译者注）

② Г. С. Мэн，*Древнее право*，1873 г.，стр. 269.

③ 既然誓言（juramentum）是法律交往的构成要件（依耶林之见，“受到约束”“创设法权”和“宣誓”在罗马人那里长期被视为同义词），一切法律交往也就被置于宗教的保护之下，因为宣誓行为本身是宗教行为，发伪誓或违背誓言是宗教犯罪。Сравн. Иеринг，*Дух римского права*，I，стр. 259 и след.，русск. пер.，1875.

犯之头终归于诸神(голова виновного обрекалась богам)。充当秩序守护者的僧侣等级,不仅追求理想上的利益,还追求极为实在的物质利益,因为他们查抄罪犯的资财,将之据为己有。另一方面, 115
僧侣组织为惩治某些行为,例如通过规避既定的仪式和祭品而侵犯僧侣组织的收入,以及试图引入任何新的宗教教义等,其所采取的刑罚同样具有公共性的特征。

以下事实显示出僧侣组织亦即教会对刑法的影响:尽管刑罚依然保有等价物或**报应**的性质,但这种报应既不再与受害人的损失直接挂钩,也不按照受害人的诉求来确立,而是作为神罚取得至高无上的抽象意义。教会试图像这样把关乎赎罪兼净化(expiatio)[1]的意识形态动机,跟损害赔偿方面的物质因素结合起来,并把建立在私人复仇原则之上的刑法,改造为维护社会纪律亦即阶级统治的更加切实的工具。在此很能说明问题的,是拜占庭僧侣关于在基辅罗斯引入死刑的强烈要求。维护纪律这一目标同样规定着军事长官的惩戒措施的特征。军事长官因谋反、叛变或单纯抗命[等事由],审讯和镇压被征服的民族以及自己的部下。有一则关于克洛维的著名故事,说他亲手砍下一名刚愎自用的战士的脑袋——该故事表明在日耳曼蛮族国家形成时代的这种惩办举措的原始性。在较早的时期,维护军事纪律这一任务是由民众大会来执行的;随着王权的强化和巩固,这一职能自然而然地转入国王手中,顺理成章地同对他们固有特权的捍卫融为一体。至于普通犯罪,日耳曼

① 耶林指出,意指死刑的“supplicium”一词在语源上导向“使诸神平息”(“supplacare”即缓和、宽慰)。См. *Дух римского права*, I, стр. 238, русск. пер., 1875.

部落的国王们（一如基辅罗斯的王公们）长期以来仅仅对其表现出财政方面的兴趣。①

随着阶级隔阂与等级隔阂的发展和巩固，事态有了变化。精
116 神-世俗的新兴等级制，把捍卫自身的特权、同居民中受压迫的下层阶级做斗争摆在首位。自然经济的解体以及由此加剧的对农民的盘剥、贸易的发展和等级国家的组建，都给刑事司法提出了新任务。那时的刑事司法对当局而言与其说是补充岁入的手段，不如说是针对“歹人”的残酷无情的镇压手段，亦即首先针对因不堪忍受领主和领主国的剥削而逃亡的农民，以及贱民、流浪汉、乞丐等。警务和侦查机关开始扮演主角。刑罚要么成为消灭肉体的手段，要么成为威慑的手段。这是刑讯、肉刑和酷烈的处决方式的时代。

这样就逐渐为作为复杂混合物的现代刑法铺平了道路。我们很容易在其中区分出作为其来源的诸历史沉积层。实质上，亦即按照纯社会学的观点，资产阶级社会借助自己的刑法体系来维护自己的阶级统治，令被剥削阶级俯首称臣。就此而论，资产阶级社会的法院和它那私人的、“自由的”工贼组织，在追求着一模一样的目标。

如果按此角度看待事情，那么刑事法院不过是警务和侦查机关的附属物。事实上，要是巴黎的刑事法院闭门数月，倒霉的只是

① 我们知道，在古罗斯法中，“私刑（самосуд）”一词首先意味着剥夺王公应得的司法收入；与之相似，按照国王埃里克（Erik）的法典，严禁受害人或其亲属跟罪犯私下达成和解，如果这种做法剥夺了国王的应得份额的话。然而，还是按照该法典，允许以国王或其法律执达官的名义提出指控的情况仅可作为罕见例外。См. Wilda, *Strafrecht der Germanen*, 1842, стр. 219.

那些已被拘捕的罪犯。可要是巴黎那支闻名遐迩的警察队伍哪怕就停摆一天，也将不啻于一场灾难。

资产阶级国家的刑事司法管辖权是有组织的阶级恐怖，它与内战时刻采取的所谓例外措施仅有程度上的差别。斯宾塞早就表明如下二者之间完全类似甚至等同：针对外敌侵犯的防卫反应（战争），和针对内部秩序破坏者的反应（法权上的或司法上的防卫）。[①] 第一类措施，亦即刑事惩罚措施，**主要**针对社会上的阶级异己分子，而第二类措施**主要**针对新掌权阶级的最活跃的斗争者——以上情况并未改变事情的原则性本质，同样也没有改变所 117
用程序的或多或少的常规性和繁复性。要把握阶级国家的惩治举措的真义，只能从其对抗性出发。根据整体社会利益引申出刑事政策原则的那些所谓的刑法理论，有意无意地扭曲了现实。“整体的社会”仅仅存在于这些法学家的想象中。实际上，摆在我们面前的是利益相互矛盾彼此抵牾的各阶级。历史上的任何一种刑事政策体系，都打上了推行该体系的那个阶级的阶级利益印记。封建主处决了桀骜不驯的农民和反抗其权威的市民。同盟城市绞杀了骑士-土匪，并洗劫了他们的堡寨。在中世纪，想要投身某一行当而又不加入行会的人，被视为制定法的违反者；还只是初露端倪的资本主义资产阶级，宣布工人通过结盟实现联合的努力是犯罪。

可见，阶级利益把具有历史具体性的印记，打在每一种刑事政策体系上面。尤其关于刑事政策方法本身，人们惯于强调：从贝卡

① Спенсер, *Принципы социологии*, 1883, стр. 659.（英文原版标题是 *The Principles of Sociology*，初版于 1876 年。——译者注）

里亚和霍华德(Howard)[①]的时代以来,资产阶级社会在臻于人道要求方面取得了巨大进步。与此相关的有废除刑讯、废除肉刑和羞辱刑、废除酷烈的处决方式等。所有这些无疑算得上巨大进步,但我们不应忘记,肉刑远未被普遍废除。在英格兰,可用鞭笞的方式实施肉刑,对未满 16 周岁的未成年人不超过 25 下,对犯有盗窃和抢劫的成年人可以高达 150 下。在英格兰,可对海员动用猫爪鞭。在法国,肉刑可用作针对在押人员的惩戒。[②] 在美国,有两个州对犯人采用阉割致残的办法。丹麦在 1905 年针对某些犯罪引入了肉刑,方式为使用棍杖和涂蘸焦油的绳索抽打。不久前,就在匈牙利苏维埃共和国被推翻之后,针对一系列人身和财产犯罪而向成年人实施的肉刑得到推行。[③] 而且值得注意的是,在 19、20 世纪之交的数十年间,骇人的、酷烈的和羞辱性的刑罚在一些资产阶级国家死灰复燃。资产阶级的人道主义正在让位于严刑峻法的主张。

118 考茨基对此做出说明:在 18 世纪末至 19 世纪初,即在引入征兵制以前,资产阶级有着温和且人道的品格,因为他们没有效力于军队。这谈不上主要原因。首先要数资产阶级向反动阶级的转变,其次要数资产阶级对方兴未艾的工人运动的恐惧,最后要数殖民政策,那始终是残暴的经历。

只有阶级彻底消失,人们才可能建立起免除一切对抗性因素

---

① 约翰·霍华德(John Howard,1726—1790),英国监狱改革家,著有《监狱状况》(*The State of the Prisons*,1777 年)。——译者注

② Сравн. Фойницкий,*Учение о наказании*,стр. 15.

③ См.,*Deutsche Strafrechtszeitung*,1920,11/12.

的刑事政策体系。仍然存疑的倒是，在这样的条件下究竟是否还需要刑事体系。

政权的刑事举措如果按其内容和特征来说是维护阶级统治的工具，那么按其形式来说则表现为法律上层建筑的要素，作为一个分支进入法的体系。我们已在前文阐明，赤裸裸的生存斗争通过引入等价原则而披上了法律形式。于是，自卫行为不再只是自卫行为，而成为一种交换形式，一种流通类型，它在“正常的”商业流通之外占据一席之地。罪与罚在赎折的基础上取得其法律属性。只要该形式得以保持，阶级斗争就作为司法管辖权出现。反过来讲，一旦等价关系原则化为乌有，“刑法”这个术语本身便失去全部意义。

所以，刑法跻身于法律上层建筑的组成部分，前提是它体现为现代社会所依托的那种基本形式（即等价交换形式及其一切附随后果）的变种之一。这种关系在刑法中的实现，是实现法治国的一个方面，而法治国是在市场上会合的独立平等商品生产者之间交往的理想形式。但既然社会关系不限于抽象的商品占有者之间的抽象关系，刑事法院也就不仅是法的抽象形式的化身，而且还是直接的阶级斗争的工具。这场斗争越尖锐、越激烈，以法的形式实施阶级统治的做法就越困难。在这种情况下，“不偏不倚的”法院及其保障措施就被直接的阶级镇压机构所取代，后者仅以政治权宜的考量作为自身行动的指南。

鉴于资产阶级社会在性质上乃是商品占有者的社会，我们应
当先天地假定，它的刑法在我们前已确立的那种意义上极具法律 119
性。然而我们在此似乎立即遇到若干难题。第一道难题是，现代

刑法的出发点决不首先在于受害人的损失，而是在于违反国家所确立的规范。要是受害人及其主张退居幕后，不免生出“这里跟等价形式有何干系”的疑问。但是，首先，无论受害人如何退居幕后，他毕竟没有消失，而是继续构成刑法上的行为的发生背景。受侵害的公共利益的抽象，立足于真真切切的受害人形象，他亲自或通过代表来参与诉讼，并为诉讼赋予鲜活的意义。[①] 然而，即便在实际上没有具体受害人而只有制定法在“咆哮”的场合，上述抽象也将在公诉人本人那里找到自己的实际化身。同一国家权力既扮演当事人的角色（检察官）又扮演法官的角色，这种身兼二角的情况表明：作为法权形式的刑事程序，与要求“报应”的受害人的形象密不可分，从而与更一般的交易形式密不可分。相当于“[买卖中的]一方”的检察官要求“高价”亦即处以严刑，罪犯请求宽大处理（即“打折”），法院“按照公道”裁判。若完全抛开这种交易形式，你们就将剥夺刑事程序的“法律精魂”。试想一下：法院实际上在一门心思地讨论要如何改变某个人的生活条件，以便对他加以引导或者使社会免受他的侵害——这样的话，“刑罚”一词的真正含义将立刻荡然无存。这并不是说整套刑事司法和刑罚程序完全丧失了前述简单易懂的要素；而我们只想指出，这套程序的某些特征未被简明的社会目的考量所涵盖，反倒代表着一种非理性的、神秘化的、荒谬的因素，并且该因素恰为法权所特有的因素。

如下事情似乎构成又一道难题。古代刑法只知道损害的概

① 目前，满足受害人被视为刑罚的目标之一。Сравн. F. v. Liszt, *Lehrbuch d. deut. Strafrechts*, 1905, § 15.（帕舒卡尼斯将“Liszt”拼写为“Listzt”。——译者注）

念。在现代刑法上占据如此显赫地位的罪过和罪责，在这一发展阶段[即古代]完全缺位。时人单单根据行为后果来评价故意行 120
为、过失行为和意外行为。就此而论，萨利克法兰克人的习俗和现代奥塞梯人的习俗处于同一发展水平。于是，对后者来说，被匕首捅死和被别人家的公牛踢落山崖的石头砸死没有区别。[①]

如我们所见，决不能由此推断责任概念本身乃古代法未曾听闻的东西。只不过责任在当时是以另一种方式规定的。在现代刑法上，与资产阶级社会的彻底个体主义相对应，我们有着严格的个人责任的概念。相反，集体责任原则贯穿着古代法：孩子因家长的罪而受惩罚，氏族对族内每个成员负责。资产阶级社会消解了先前存在于个体之间的一切原始的和有机的纽带。它宣布了“人人为己”这条原则，并且一以贯之地将其推广到包括刑法在内的全部领域。此外，现代刑法还把心理因素引入责任概念，使其更富弹性。现代刑法依程度划分责任：对已预见的结果承担的责任（故意），和对没有预见但本可预见的结果承担的责任（过失）。最后，现代刑法建构了[精神失常因而]无责任能力的概念，即完全不承担责任。把心理因素引入责任概念，肯定意味着打击犯罪的斗争的理性化。只有在区分[心智健全因而]有责任能力的行为和[精神失常因而]无责任能力的行为的基础上，才可能建立关于特殊预防和一般预防的理论。然而，只要罪犯和惩罚权之间的关系被建

① 按照所记述的奥塞梯人的习俗，如果出自绵羊群、牛群或马群的某动物将石头踢落山崖，而且这块石头导致路人伤亡，那么伤者或死者的亲属会以故意杀人为由要求该动物的主人血债血偿，或者给付伤亡费。Сравн. М. Ковалевский，*Современный обычай и древний закон*，II，105.

构为法权关系，并且采取司法程序的形式，那么这个新因素就完全没有排除等价报复的原则，反而为它的适用奠定新的基础。前述分解如果不是在指明未来司法交易的条件，还能意味着什么呢！刑罚的轻重立足于责任的轻重，后者是一种新的、(也可以说是)观
121 念上的或心理上的因素，该因素跟损害这一实质因素和行为这一客观因素结合起来，共同构成规定刑罚比例的根据。故意行为的责任最重，因而在其他条件相同的情况下承担比较严厉的刑罚；过失行为的相应责任有所减轻，在其他条件相同的情况下(caeteris paribus)，刑罚亦有所减轻；最后是不承担责任(不法行为人精神失常因而无责任能力)，刑罚也就无从谈起。以治疗(Behandlung)——在俄语上即“影响方式”，它是法律上中立的医学-教育学概念——取代刑罚，我们将得出全然不同的结果，因为我们首先感兴趣的将不是罪刑相适应，而是采用的措施是否符合预定目标，即保卫社会、影响罪犯等目标。依这种观点，关系可能恰好相反，即责任减轻的场合可能要求最强烈、最持久的影响措施。

如果刑罚表现为清算手段，那么责任理念就必不可少。罪犯以自己的自由对犯罪负责，而且这部分自由跟他行为的严重性相称。一旦刑罚脱离了等价性的特征，那么此种责任理念便全无必要。在等价原则确实无影无踪的场合，刑罚也就不再是法律意义上的刑罚了。

法律上的罪过概念是不科学的，因为它直接导向非决定论(индетерминизма)的矛盾。从引起某事件的各种原因的耦合这一角度看，没有任何理由认定某一环节优先于另一环节。与完全正常的(即有责任能力的)人的行为相比，精神失常的(即无责任能力

的)人的行为同样取决于遗传、生活条件、环境等一系列原因。有意思的是,被用作教育举措(即外在于法律上的等价理念)的刑罚完全无关乎责任能力、选择自由等表象,而且也用不到此类表象。刑罚在教育学上的合目的性——我们在此谈论的当然是最一般意义上的合目的性,不涉及刑罚的形式选择、刑罚的宽严等——完全取决于[受刑人]是否有足够发达的能力去领会自身行为和其负面后果之间的联系,并且牢记这种联系。被刑事制定法认定为不对 122
自身行为承担责任的人,即低龄儿童、精神失常者,在他们可以受到一定方向上的影响这个意义上也是有责任能力的。[①]

与罪过相称的刑罚,在原则上跟与损害相称的报应表现为相同形式。首要特征在于以数值表达判决的"严重性":监禁的天数、月数等,罚金的数额,被剥夺的权利的清单。按法院判决中预告的确定期限实施监禁,乃是现代刑法(即资产阶级-资本主义刑法)据以贯彻等价报复原则的特有形式。这种方式与关于抽象人和(按时间度量的)抽象人类劳动的表象之间,有着无意识的但却深刻的联系。前述刑罚形式正是在19世纪得到巩固并且显得自然而然,这绝非偶然,那时的资产阶级社会业已充分发展并且强化了自身的全部特性。监狱、地牢固然存在于古代和中世纪,与其他施加于

① 著名精神病学家克雷佩林(Kraepelin)指出:"如果一切豁免于刑事制定法的精神病人实际上丧失了立法者所理解的那种自决的自由,那么在精神病人中间开展的那种目前卓有成效的教育工作自然也就不可想象。"Kraepelin, *Die Abschaffung des Strafmasses*, 1880, стр. 13. 当然,作者立刻做出预先声明,以免被误解为好像他在提议为发疯者设立刑事责任似的。不过这些考量足以清楚地表明,刑法在把责任能力的概念当作刑罚的条件时,并未使用科学的心理学和教育学所规定的那种唯一确切的责任能力含义。

身体的暴力手段并列。但那时的人们常常被一直关押下去，直到死亡或者缴纳赎金。

要产生“能以预先规定的一部分抽象自由来抵偿犯罪”这一思想，社会财富的全部具体形式就必须化约为最简单、最抽象的形式，即按时间度量的人类劳动。关于文化的不同方面之间的唇齿相依，我们无疑在此见到了又一例证。工业资本主义、人权和公民权宣言、李嘉图政治经济学和有期限的监禁制度，都是同一历史时期的现象。

然而，一方面，粗糙的、具有可见物质形式的刑罚（比如伤损身
123 体或者索取赔偿金）的等价性，正因其粗糙而得以保有众所皆知的简明含义；另一方面，刑罚的等价性却在按特定期限监禁这一抽象形式中失去了这种含义，尽管我们依旧谈论着与行为严重性**相称的**刑罚措施。

于是，许多刑法理论家，尤其那些自视先进的刑法理论家，自然而然渴望彻底清除这种变得明显荒谬的等价因素，并集中关注刑罚的理性目的。这些进步的刑事专家[①]的错误在于，他们在批判所谓绝对刑罚论的时候，以为他们仅仅面对着单凭理论批判即可驱散的误解、谬见。事实上，那种荒谬的等价形式并不源于个别刑事专家的迷误，而是源于和滋生于商品生产社会的物质关系。保卫社会或改造罪犯这一理性目标与等价报复原则之间的矛盾，并不存在于书本和理论中，而存在于生活本身、司法实践、社会结

① 俄文中的“криминалист”直译为“刑事侦查学家”或“犯罪侦查学家”。但鉴于该称谓的含义在历史上发生过变化，并且容易导致中国读者的理解偏差，本书一律译为“刑事专家”，其对应的学术领域译为“刑事研究”。——译者注

构本身之中。正如人们通常的劳动联系这一事实与该事实在商品价值中的荒谬表达形式之间的矛盾,既不存在于理论中,也不存在于书本中,而是存在于社会实践本身之中。要证明这一点,我们只消在此考察某些因素。倘若人们在社会生活中其实仅从**目的**角度考虑刑罚,那么刑罚的执行和(最主要的是)它的结果就必定激起世人最强烈的兴趣。然而,谁能否认对绝大多数人来说刑事程序的重心在于庭审和宣判时刻呢?

同激动人心的定罪量刑时刻所引起的兴趣相比,针对罪犯的某种经久感化手段所引起的兴趣微不足道。只有小范围的专家在操心监狱改革问题,普罗大众的关注点在于判决是否与行为的严重性相适应。依通常的见解,倘若法院有幸判处了等价的刑罚,那么仿佛一切事情就此了结,罪犯后来的命运鲜有人问津。该领域的知名专家克罗内(Krohne)抱怨道:“关于判决执行问题的学说,乃是刑法学的痛处所在”,换言之,它相对不受重视,而“与此同时”,他接着指出,“如果你们有一流的制定法、一流的法官和一流的判决,而执行判决的官吏却力不胜任,那么你们不妨把判决书丢 124
进垃圾箱里予以焚毁”。[1] 但是,等价报复原则的支配地位,不仅仅显现在公众注意力的这种分配上。它同样鲜明地体现于司法实践本身。事实上,阿沙芬堡(Aschaffenburg)在其著作《犯罪及其遏制》中所援引的那些判决,还能有什么别的理据呢?在此仅举其

① Цит. по Aschaffenburg, *Das Verbrechen und seine Bekämpfung*, 1905 г., стр. 200.[该著作的英译本参见 Gustav Aschaffenburg, *Crime and Its Repression*, translated by A. Albrecht, Little, Brown and Co., 1913。从德文版的引文表述来看,丢进垃圾箱的是制定法(das Gesetz)。——译者注]

中两例，其余不再赘述。一名曾因伪造、盗窃、诈骗等[罪名]而22次受审的惯犯，又因侮辱官吏被判处24天监禁，这是其第23次获刑。另一名惯犯总共在监狱和感化院（Zuchthaus）待了13年，曾因盗窃、诈骗等[罪名]而16次受审，又因诈骗被判处4个月监禁，这是其第17次获刑。[①] 在这类情况下，显然既谈不上刑罚的防卫功能，也谈不上刑罚的矫正功能。在此主导的是形式上的等价原则：对相同的罪过适用相同的刑罚。[②] 事实上，法院还能怎么办呢？法院不能指望羁押三周就矫正某个怙恶不悛的罪犯，也不能仅仅因为某人侮辱官吏就将其终生隔绝。法院别无选择，只好允许罪犯以小钱（即数周的关押）抵偿轻罪。就其余方面而言，资产阶级司法竭力保证在对待罪犯的时候遵循一切技艺规则，即每个人都可以确信和验证清偿方案乃是公平敲定的（诉讼程序的公开性），罪犯能够自由地讨价还价（程序的对抗性），罪犯能够利用老练的司法经纪人为己效力（对辩护的容许），等等。总而言之，国家将自身对罪犯的关系置于诚信商业流通的框架内，后者正是所谓刑事程序保障之所在。

罪犯应当事先了解**他缘何**有此际遇以及将要遭遇什么：法无明文者，不构成犯罪，亦不得处罚（nullum crimen，nulla poena sine lege）。这是什么意思呢？是否要求向每名潜在罪犯准确告知他将承受的矫正方法？不，事情其实庸俗简单得多——他应当了解
125 他将因司法交易而付出自己的多少自由。他应当事先了解他在何

① Aschaffenburg，цит. соч. стр. 205—206.

② 此种无意义之事不过是法权理念的凯旋，因为法就是同等尺度的适用，不含其他内容。

种条件下需要付出代价。刑法典和刑事诉讼法典的意义即在于此。

不要误以为仿佛那虚假的报应论最初统治着刑法，而后被正确的社会防卫观所战胜。切莫认为发展仅出现在思想层面。事实上，在刑事研究中的社会学-人类学取向出现之前和之后，刑事政策都包含着社会防卫或者毋宁说是阶级防卫的因素。但与此同时，刑事政策曾经包含并且仍然包含着并不出于以上技术性目标的因素，这些因素也就不允许刑事程序本身完完全全表现为合乎理性的、非神秘化的社会技术性规则的形式。不应在刑事政策本身之中而应到更深处去寻找这些因素的起源，这些因素为犯罪和刑罚这两种法律抽象物赋予实在性，并确保其在资产阶级社会的框架内具有充分的实践意义，暂且不论所有那些理论批判工作。

我们知道，[刑事]社会学派的著名代表人物之一范·哈默尔(van Hamel)，在1905年召开于汉堡的刑事专家大会上宣称，现代刑事研究的主要绊脚石就是罪过、犯罪和刑罚这三个概念；他补充说："若不受其拖累，则诸事皆顺。"对此可作如下答复：单凭观念层面的批判不能消除资产阶级意识的诸形式，因为它们与它们所反映的物质关系构成一个整体。通过实践(亦即无产阶级的革命斗争和社会主义的实现)克服这些关系，乃是驱散那些业已成为现实的幻象的不二法门。

若要在实践中立刻转向一套使得罪过和罪责的概念不再有实际必要性的刑事政策，那就不可止步于宣称这两个概念实为偏见。只要商品形式和从中衍生的法的形式继续给社会打上它们的烙印，那么以下实质上荒谬的(亦即从非法律的观点看来荒谬的)理念就将在司法实践中保有其力量和实际意义：每项罪行的严重性都可依某种尺度来衡量，并以监禁的月数或年数来表达。

当然，大家可以不用这么露骨的公式化表述来宣告这种理念。
126 但这决不意味着我们因此最终在实践中免受该理念的影响。术语的更易并不改变事情的实质。俄罗斯苏维埃联邦社会主义共和国司法人民委员部早在1919年就公布了刑法方针，其中拒绝把罪责原则作为刑罚的基础，并且不把刑罚本身解释为针对罪过的报应，而仅仅解释为一种防卫措施。1922年的《俄罗斯苏维埃联邦社会主义共和国刑法典》，同样不涉及罪过的概念。最后，苏联中央执行委员会通过的《苏联刑事立法基本原则》（Основные начала уголовного законодательства Союза）干脆抛弃了"刑罚"这一用语，代之以"带有司法矫正性质的社会防卫措施"。

术语的这种更易无疑具有一定的宣示意义。然而，宣示解决不了实质问题。将刑罚从报应和报复转变为合目的性的社会防卫措施，以及转变为对于具有社会危害性的某个人的矫正，这意味着要完成一项艰巨的组织任务，该任务不仅外在于纯粹的司法活动，而且一旦大功告成，其实将使司法过程和司法判决变成多余的东西——因为该任务若得以圆满完成，则劳改的感化作用将不再是（载明某种犯罪构成的）司法判决的单纯"法律后果"，而将成为具有医学-教育学条理的、完全独立的社会职能。毫无疑问，我们正在并且将会继续沿着这一方向发展。只要我们在谈论社会防卫措施之时不得不强调"司法的"一词，只要司法过程和实体刑法典的形式得以保留，那么术语的更易就在相当程度上只是提法的革新。这一点自然逃不过那些撰文探讨我国《刑法典》的法学家们的眼睛。下面对这些评论稍作引证。波良斯基(Н. Н. Полянский)发现,《刑法典》分则中"对罪责的否认仅有着纯粹外表上的影响",而且"罪责和罪责程度的问题是我国现代司法实践中的日常问题"。[①] 伊萨叶夫(М. М. Исаев)同样注意到,罪过的概念"为1922年《刑法典》所知,因为它通过两相对比而区分了故意和过失,区分了刑罚和狭义上的社会防卫措施"。[②] 事情肯定是这样的:刑法典 127
本身及其所建立的相应司法程序,完全贯彻了等价报复这一法律原则。事实上,每部《刑法典》(包括本国在内)的总则连同其中的从犯、共犯、未遂、预备等概念,如果不是用于更准确衡量罪责的手段,还能是什么呢?故意和过失的区分如果不是对罪责程度的区分,还能是什么呢?倘若不存在罪责的概念,[精神失常因而]无责任能力的概念又有何意义呢?最后,倘若仅仅关乎社会防卫(阶级防卫)措施,《刑法典》的那整个分则为何必不可少呢?

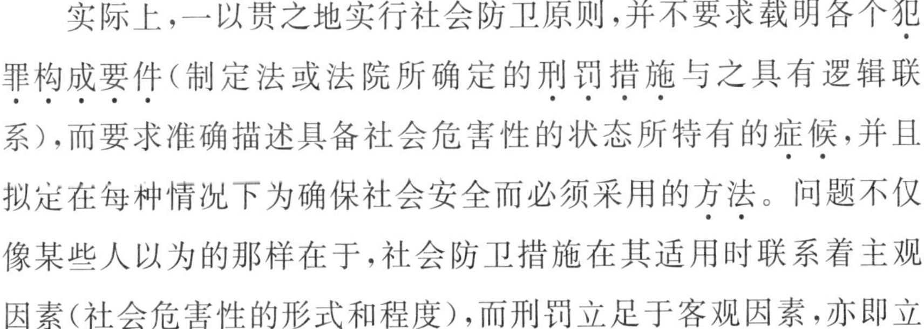

实际上,一以贯之地实行社会防卫原则,并不要求载明各个**犯罪构成要件**(制定法或法院所确定的**刑罚措施**与之具有逻辑联系),而要求准确描述具备社会危害性的状态所特有的**症候**,并且拟定在每种情况下为确保社会安全而必须采用的**方法**。问题不仅像某些人以为的那样在于,社会防卫措施在其适用时联系着主观因素(社会危害性的形式和程度),而刑罚立足于客观因素,亦即立

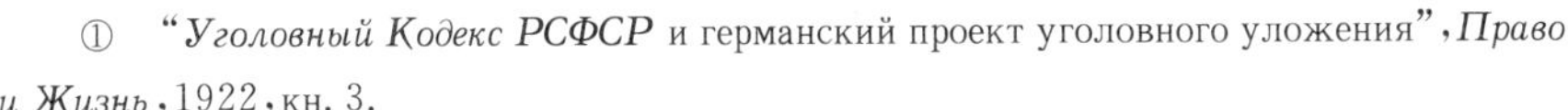

① "*Уголовный Кодекс РСФСР* и германский проект уголовного уложения", *Право и Жизнь*, 1922, кн. 3.

② "*Уголовный Кодекс*", 1 июня 1922 г., *Советское Право*, 1922, кн. 2. Сравн. также Трахтеров, "Формула невменяемости в *Уголовном Кодексе УССР*", *Вестник Советской Юстиции*, Орган НКЮ УССР, № 5, 1923 г.

足于刑法分则所确立的具体犯罪构成要件。[1] 问题在于这种联系的性质。于是，刑罚难以摆脱客观基础，因为它若抛却等价形式就不可能不丧失自己的基本特点。与此同时，唯有具体犯罪构成要件提供了近似于可度量的数值的东西，从而提供了近似于等价物的东西。我们可以迫使某人对行为做出**赎偿**，但若迫使他对社会关于他（即特定主体）的危险性评价做出赎偿则毫无意义。因此，刑罚预设了准确载明的犯罪构成要件。社会防卫措施则完全不需要如此。强制赎偿是一种针对主体的法律强制，它处于包含诉讼、判决及其执行在内的正式框架中。作为防卫措施的强制是一种单纯合目的性的行为，故而可由技术性规则来调整。这些规则的复杂程度或高或低，取决于以机械地清除社会危险分子为目的，抑或
128 以矫正社会危险分子为目的；但无论是哪种情况，这些规则都明明白白地表达出社会为自己设定的目的。相反，在为某些犯罪规定刑罚的那些法律规范中，这种社会目的则采取了隐蔽的形式。经受感化之人，处在还债的债务人的位置上。难怪“处分”既表示私法义务的强制履行，也表示惩戒。“服刑”这一用语的意思同样如此。服刑之后的犯人就恢复其原初地位，亦即恢复在社会上各自为政的生存状态，恢复担责和犯法的“自由”。

刑法像一般而言的法那样，是利己主义的孤立主体之间、自主私利的担当者之间或者理想中的所有者之间的交往形式。那些较为审慎的资产阶级刑事专家，敏锐觉察到刑法与一般而言的法的

---

① См. Пионтковский, “Меры социальной защиты и Уголовный Кодекс”, *Советское Право*, № 3 (6), 1923 г.

形式之间，亦即与商品生产者社会赖以运行的基本条件之间的这种联系。因此，当[刑事]社会学-人类学流派的极端代表人物呼吁搁置犯罪和罪过这两个概念，并且在整体上终结关于刑法的法学阐发时，他们[即那些较为审慎的资产阶级刑事专家]合理地反问道：这样一来，公民自由原则、程序合法性的保障、罪刑法定原则等当何去何从？

这正是丘宾斯基(Чубинский)在与菲利、多拉多(Dorado)[①]等人论战时所采取的立场。[②] 以下是一处典型论述："我们一方面尊重他[即多拉多]对科学的无限力量的美好信念，另一方面更愿意接地气，也就是更愿意考虑历史经验和现实中的真正事实；如此一来，我们就应当承认，可取的不是'开明且合理的'专横(何以保障它如此恰到好处呢?)，而是坚实的法律秩序，**法学**研究对于后者的保持而言将始终是必要的。"

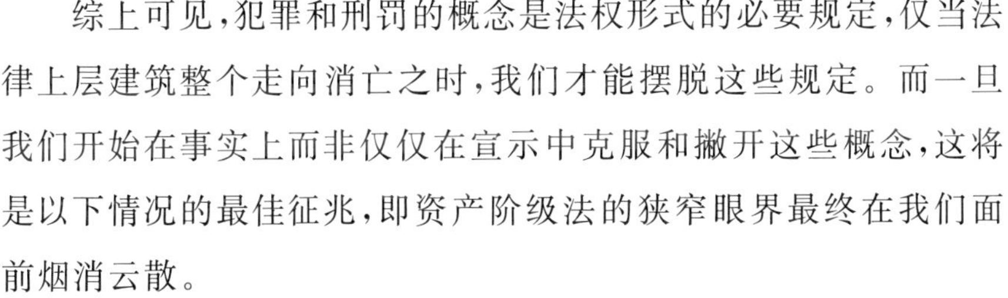

综上可见，犯罪和刑罚的概念是法权形式的必要规定，仅当法律上层建筑整个走向消亡之时，我们才能摆脱这些规定。而一旦我们开始在事实上而非仅仅在宣示中克服和撇开这些概念，这将是以下情况的最佳征兆，即资产阶级法的狭窄眼界最终在我们面前烟消云散。

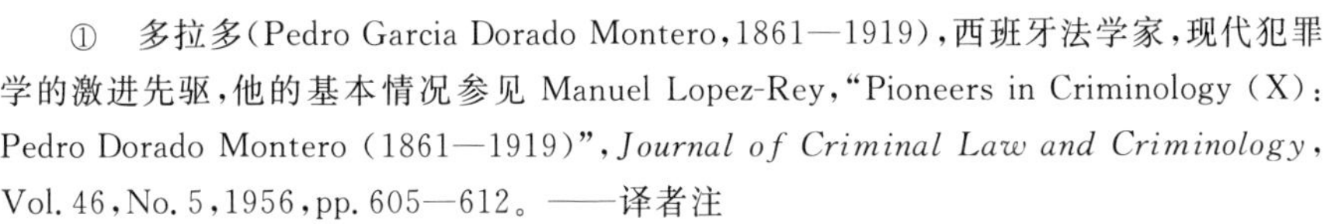

① 多拉多(Pedro Garcia Dorado Montero，1861—1919)，西班牙法学家，现代犯罪学的激进先驱，他的基本情况参见 Manuel Lopez-Rey，"Pioneers in Criminology (X)：Pedro Dorado Montero (1861—1919)"，*Journal of Criminal Law and Criminology*，Vol. 46，No. 5，1956，pp. 605—612。——译者注

② М. Чубинский，*Курс уголовной политики*，1909，стр. 20 и след.

附录一　德文版序言[①]

在资产阶级社会，[②]法律学总是占据特殊的优先地位。法律学不仅位列社会科学之首，而且给其他各门社会科学打上自己的印记。

恩格斯有理由把法学世界观(die juristische Weltanschauung)称为“资产阶级的典型的世界观”，一种“神学世界观的世俗化”，其中“代替教条和神权的是人权，代替教会的是国家”。[③]

无产阶级革命通过摧毁资产阶级国家和推翻财产关系，创造了挣脱法律意识形态枷锁的可能性。恩格斯在前面援引的那篇文

---

① 译自 Paschukanis, *Allgemeine Rechtslehre und Marxismus*: *Versuch einer Kritik der juristischen Grundbegriffe*, Verlag für Literatur und Politik, 1929。——译者注

② 考虑到德文版内部的译名统一性，我们将此处的“bürgerlichen Gesellschaft(市民社会)”译成“资产阶级社会”，下文的“bürgerlichen Staat”译成“资产阶级国家”。——译者注

③ Friedrich Engels, “Juristensozialismus”, *Neue Zeit*, 1887.(参见《马克思恩格斯全集》第28卷，人民出版社2018年版，第609页。这篇文章由考茨基在恩格斯指导下完成，最初发表在1887年《新时代》第2期上，发表时没有署名。文章后被译成法文发表在1904年1月15日《社会主义运动》杂志(巴黎)上，首次说明作者是恩格斯，同时在编者按语中指出考茨基为共同作者。1905年在斯图加特出版的《〈新时代〉内容索引(1883—1902)》，载明文章作者是恩格斯和考茨基。——译者注)

章中写道:“和工人毫无财产相适应的只能是他们头脑中毫无幻想。”①

不过,“十月革命”的经验已经表明,即便旧日法秩序的基础土崩瓦解,即便旧日的制定法、规章和条例已成一堆废纸,旧日的思维习惯依然惊人地顽固。如今,反击资产阶级法学世界观的斗争,仍是摆在苏维埃共和国法学家面前的一项紧迫任务。就国家理论这一领域而言,列宁早在1917年11月发表的《国家与革命》已经提出一套融贯完整的马克思主义观点,相较之下,马克思主义思想在法理论领域的批判工作起步甚晚。

“十月革命”刚刚落幕,我们就见到这样一种尝试,它运用一套彻头彻尾非马克思主义的、具有小资产阶级特色的、心理学立场的法理论,为立刻砸碎旧司法机器(Justizmaschine)的做法提供理据。摧毁由沙皇政权和克伦斯基政权任命的旧法院,创设不受“十月革命”所粉碎的那些规范约束的崭新人民法院——这类政治上没有争议的革命举措,被按照以下理论观点来解释:法是心理上的“命令式-归属的体验”之总和。进一步深化这套主观主义理论的尝试,导致该理论的拥护者尤其是刚刚过世的莱斯涅尔教授宣称,各种直觉法的体系(Systeme intuitiven Rechts)在苏联境内同时并存:无产者的、农民的和资产者的。官方的苏维埃法被描绘成这些体系之间的妥协,即一种兼含三项元素的混合物。显而易见,这种观点消解了作为无产阶级革命的“十月革命”的重要意义,使人无

① 参见《马克思恩格斯全集》第28卷,人民出版社2018年版,第611页。——译者注

法对苏维埃法做出统一评价，也使人无法从它适不适合迈向社会主义这一角度为前述评价找到标准。

代表所谓“社会-经济的”法观念的那些西欧法学家的各种反个体主义理论，对苏联法律思想的影响力并不逊色于心理学的[法]理论。这批法学家，包括狄骥、黑德曼(Hedemann)等人，在他们的阐释中反映出如下事实：现代资本主义拒绝了自由竞争的原则，从而拒绝了无限制的个体主义和形式主义的原则。他们的理论无疑引人入胜，我们可在力挺社会主义计划体制、反击资产阶级-资本主义无政府状态的斗争中加以利用。可是，这些理论决不能取代那种在处理法的问题时采取的革命-辩证态度。基于马克思主义的批判工作的任务，不仅在于驳倒资产阶级的个体主义法理论，而且在于分析法的形式本身，揭示其社会学意义上的根源，以及表明基本法律概念的相对性和历史制约性。与此同时，我们必须高声反对任何抹杀资本主义与社会主义之间根本对立性的做法，即借助精巧的“民法的转变(Umwandlungen des Zivilrechts)”来掩盖资本主义私人所有权的阶级属性，并为其贴上“社会职能”的标签。

苏维埃国家概不承认绝对且不可侵犯的主观私权利。但苏维埃国家据以对抗这种崇拜物的，不是某种无阶级的社会连带原则，也不是生产力本身的发展这一理念，而是如下具体任务，即建设社会主义社会，铲除资本主义的最后残余。

在法科学中阐明一套革命的辩证唯物主义方法，借以对抗资产阶级法律学那形而上的形式-逻辑方法或者充其量是历史-进化论的方法，乃是共产主义科学院(Kommunistischen Akademie)[①]法政科学部已然承担的任务。

手上这本奉予德国读者品鉴的著作，乃为完成上述任务略尽绵薄之力。

1929年5月

① 1918年在列宁的直接参与下成立社会主义社会科学院，该机构1919年4月定名为社会主义科学院，1924年4月起改称共产主义科学院，后者于1936年2月撤销，所属各研究所和主要工作人员并入苏联科学院。——译者注

附录二　马克思主义法理论与社会主义建设[①]

关于法的一般理论问题的马克思主义阐述，绝不仅仅具有学术意义。革命时代不同于和平且有机的发展时期，因为它迫使我们以最为概括的形式提出所有问题。对革命行动而言，局部的观念是不够的，按照某种专门路线做出的正确定向也是不够的，必须有总的方针，即允许一揽子解决难题的总的正确进路。

"十月革命"之后不久，打碎旧司法机器的必要性就摆在我们面前，当时这个纯粹实践中的问题，刻不容缓地要求解决涉及制定法与法之间相互关系的一般理论难题。因为，显而易见，革命既不能任由那一整套旧日沙皇制定法和临时政府制定法保持原样，也不能立即用新的规范取代所有那些已被革命废弃和摧毁的规范。时人追问：这些法院的司法运行及其基础会是怎样的？由此引发的困惑造成某种犹豫不决。正如斯图契卡同志所说，《关于法院的

① 译自 Е. Б. Пашуканис，"Марксистская теория права и строительство социализма"，*Революция Право*，№ 3，1927 г.，стр. 3—12，并参考了英译本 Piers Beirne and Robert Sharlet (eds.)，*Pashukanis*：*Selected Writings on Marxism and Law*，translated by Peter B. Maggs，Academic Press，1980，pp. 188—199。感谢马格斯（Peter Maggs）教授提供俄文杂志高清扫描件。——译者注

第1号法令》的实施碰到了一些困难。[①]

为了摆脱这一困境并回答前面提出的问题，那时需要有某种一般的法观念，也确实有人提出了这样的法观念；可惜的是，它不是马克思主义的法观念，而是从彼得拉日茨基那里借来的关于直觉法的心理学说。

于是当时出现了悖谬的现象：一种政治上正确的革命措施的确立，竟然借助于一种既不能说是正确的，也不能说是马克思主义的理论。实践和理论之间的这些"分歧"，当然不可能无人注意。将法视为"命令式-归属的体验"的总和，这一观点没有成为苏联官方学说。莱斯涅尔教授后来在著作中尝试深化和发展上述观点，得出了一些显然不可接受的结论。不可能既严肃对待那种沿着新经济政策轨道朝向社会主义前进的方针，同时又断言在法的领域"我们过渡到某种折中方案，过渡到将敌方某些阶级法制作为法秩序的组成部分加以恢复的状态"。[②] 不可能既站在列宁无产阶级专政学说的基础上，同时又宣称"与资产阶级国家一样，我们苏维埃国家也在其一般法秩序之内包含着无产者的法、农民的法和资产者的法"。[③] 而与此同时，这类论断是以下看法的合乎逻辑的结论，即法不是受统治阶级之统一政治影响的真实关系体系，而是"一种在我们的意识中主要依托于公道-正义-平等概念的意识形

① 1917年11月24日，俄罗斯苏维埃联邦社会主义共和国颁布《关于法院的第1号法令》，宣布撤销旧俄的全部司法机构，建立苏维埃地方法院和革命法庭。——译者注

② M. Рейснер，*Право. Наше право. Чужое право. Общее право*，стр. 209.

③ 同上，стр. 198。

态”(莱斯涅尔,第24页)、“一种谋求现实的或虚幻的妥协的意识形态”、一种“因其不仅承载着对普遍和平的渴求,而且承载着对普遍正当的渴求,最终导致矛盾的平复与缓和”的意识形态(同上,第119页)。

显然,以这样的定位,我们在评估法在我们苏维埃现实中的作用之时,总也无法采取朝向社会主义前进的立场,因为对达成这一目标来说,莱斯涅尔所界定的法是明显不合适的工具。

编纂《俄罗斯苏维埃联邦社会主义共和国民法典》的时刻,是另一关键转折点,那时迫切需要某种一般的法观念。在法律专家所体现的种种资产阶级复辟野心的进逼之下,时人被迫寻求某些保障苏维埃民法免遭资产阶级-个体主义原则渗透的公式。这种复辟倾向的最鲜明、最根本的表达,可见于主观权利能力的问题。直接的实践中的威胁,是由于有人试图从《民法典》中去除有关无产阶级国家掌握“制高点”的一切提法,以及谋求为扩张解释大开方便之门。要格挡这两种危险,把适当的具体决定加入《民法典》及其施行法即可。但是,当时必须在主观权利能力的问题上,提出某种新的而且是一般的理念。《民法典》第1条和第4条表达了这种理念。[①] 然而这一次,唉,一条从政治观点看完全正确而且不容置疑的路线,还是被包裹在不适当的、从资产阶级法学家那里借用的理论外壳中。

包含在这些条款中的否定性因素毫无疑义:我们不承认任何

① 英译本建议在此参阅 Z. L. Zile, *Ideas and Forces in Soviet Legal History*, College Printing and Publishing Co., 1970, p. 84。——译者注

绝对的权利能力，不承认任何不可侵犯的主观私权利。因为这种不可侵犯性意味着资本主义剥削的不可侵犯性，而我们的"十月革命"（通过土地、银行、大工业、交通运输、对外贸易等的国有化）斩断了这种剥削的根脉，并遗留下彻底铲除资本主义的任务。以此为己任的国家制定法，不可能承认绝对的、不可侵犯的私权利——此乃理所当然之事。

然而，《民法典》的前述条款、特别是这些条款的不同评注者对主观权利能力做出的肯定解释，相较之下则颇有疑问。

我们已经剥夺并且正在剥夺资本家最具实质性的私权利，但这是否意味着我们（即无产阶级国家）将这些私权利"分给"小规模商品生产者（首先是农民）？这样的宣称是否相当于断言无产阶级国家缔造了各自为政且除非通过市场和市场流通否则无法同外部世界连接的小农经济？

若不对某一基本法律概念做出马克思主义的批判，若不揭露它的经济根源，那么我们就将止步于实证法律教义学的层面，它跟自然法的教义学如出一辙。

第1条规定，民事权利受制定法的保护，但在行使时违背"社会经济目标"的除外。但什么是民事权利的"社会经济目标"呢？这个问题的答案可见于第4条，其中[规定]民事权利能力的赋予有赖于生产力发展方面的各项目标。作为这两项公式之基础的那个理念简单明了。无产阶级国家允许私人所有权和私人交易，但只是为了发展生产力。这不过是力图把作为"新经济政策"之基础的那种思想转译为法言法语。

但是，这造成了两种完全出乎意料的误解。第一种误解在于，涉及社会经济目标的那个保留规定，作为保护民事权利的一个条件，明显指向生产资料私有制（关于第1条的评注通常秉持这一精神）；于是，将“社会经济目标”视为发展生产力，就成为完全可以接受的事情。然而试问：获得损害赔偿金（比方说伤残赔偿金）的权利，或者无劳动能力的家庭成员获得生活费的权利，与发展生产力有何关系？在决定是否由制定法来保障这项权利时，能把发展生产力当作判断标准吗？

不难援引一系列此类权利主张：关于是否满足这些权利要求（从而保护相应的权利），不可从发展生产力的角度来考虑，自然而然地是由并且须由法院从正义或等价的观点来考虑。由此可见，无产阶级国家在赋予和保护民事权利之时，未必总想要借此达成生产力的发展。由于计划经济没有充分发展，由于社会保障和社会保险的任务尚未完全落实，无产阶级国家有时只好采用这种保护民事权利的方法。

这是一方面。而另一方面，发展生产力这个标准一到法学家的手里，立即呈现出某种绝对性。我国《民法典》的热心评注者们，很乐意为发展生产力这一概念附加某种阶级中立和政治中立的特征。一种时尚应运而生，即让我们的苏维埃民法趋近那些可见于国外立法的、以言辞粉饰资本主义状况的意向。这种将私人所有权转为一种“社会功能”的廉价做法，与我们的方针毫不相干，后者是由引入“新经济政策”之时的两种情况决定的：(1)想要满足农民的经济需求（剩余物的自由处分+“合作社计划”）；(2)愿意“为科学付出”（租让、租赁和其他形式的国家资本主义）。

1921年以来，我们的“沿着‘新经济政策’轨道朝向社会主义前进”[的形势]总算迈出重要一步，如今对苏联法学家来说早就到了这样的时刻，即不是把生产力发展本身，而是把我们经济中的社会主义因素战胜资本主义因素这一前景，确立为其[法]教义学与法政治学立场的最高判断标准。

我们仅关注这两点。然而，人们可以举出无数关乎其他部门法的如下情形：在其中，一般性问题同样尖锐地表现出来；在其中，人们不仅需要清楚地理解社会-阶级目标和政治任务，而且需要同样深刻地理解法权形式的各种特性。彼此割裂正变得越来越危险。我们苏维埃管理机关的做法——其可归为如下事实，即特定机构的政治负责人延请专门的法律顾问（百分之九十九是老专家）担任“法务人民委员”——只能导致极为可悲的后果。人们向法律顾问咨询的常见问题，即某件事情从“法律的观点”来看可不可行，其出发点是一项天真的推定，即一切无非在于找出适当的法令或相应的法典条文。所要求的结论，当然绝不会像自动售货机里的巧克力那样突然冒出来。在百分之七十五的情况下，有良知的法律顾问应当反问道：“依您之见，某某事情从政治的观点来看可不可行？”因为任何或多或少严肃的管理问题都与法律形式相联系，这种联系不是采取外在的方式，而正是基于管理问题自身的实质。一个人如果不理解事情在社会-阶级方面的政治和经济本质，那他要么除了从法律方面对其做出贫乏粗糙的阐述之外无力提供任何东西，要么就干脆歪曲该本质。

对法律形式的傲慢漠视——这仍是司空见惯之事——在报复我们，而且是以极为辩证的方式施行报复，即借助于无谓的形式主义和官僚主义的繁荣。只要法律手续的办理被视为专门事项（故

而深思国家工作之政治和社会-经济意义的人们可能不感兴趣），被视为可以委诸“外人之手”的事项，我们就不免屡屡陷入空洞且毫无生气的形式主义。

因此任务就在于，将有关法律形式及其实践应用的研究，与这种形式本身的、其各个变种的以及（最后是）各项法权制度的经济基础和社会-阶级基础联系起来。

资产阶级法的最典型范畴——法的主体、所有权、契约等——首先在交换现象中极为清晰地显示自己的物质基础。劳动价值范畴对应着法律主体范畴。商品占有者彼此赋予的平等和自由这两种形式属性，是对商品的非人格的、普遍的、仅可定量测度的属性的补充。这正是马克思本人那里的抽象法权范畴批判的出发点。

在我的《法的一般理论与马克思主义》这部论纲中，我试图将该观点一以贯之地应用于法的各个领域和各种法律范畴。在我看来，最终结果是一套或多或少严整的观念，而且该观念还特别涉及马克思关于向社会主义过渡时期的法的粗略说明。

按这种进路，将社会主义计划性与等价原则相对比，或者说，将技术分工与社会分工相对比，对于弄清法理论的一系列特殊难题而言具有决定性意义。我想以下事实最好地证明了我的观点富有成效，即不少同志成功地将其用于批判和建构，并且用于法的极不相同的领域。

当然，与此同时，有必要对提出的假设做进一步的批判性检验。

实质性的反对意见总是于事有益的。在同整个法权意识形态的交锋中，在反法权的宣传等工作中，不分青红皂白地叫嚷，以之取代那样的反对意见，这才是不妥的事情。共产主义科学院法学部的优点之一，就在于它没有走上这条诱人的道路。

彼得·伊万诺维奇·斯图契卡在其文章《社会主义建设时期的国家与法》（Государство и право в дериод социалистического строительства）[①]里表述了若干论点，据此，我所提出的观念——为简便起见，姑且像斯图契卡同志那样称之为“劳动理论”——需要某种澄清和修正。

首先，我乐意承认，前述论纲在许多方面需要进一步详述，或许还需要重新加工。一大堆问题未在书中论及，而且当时就没有进入作者的视域。例如，过渡时期的法或苏维埃法的问题便是如此，而斯图契卡同志淋漓尽致地提出了这一问题，这是他在法理论方面的显要功绩之一。

当然，我并不把法的消亡过程设想为“从资产阶级法直接过渡到无法状态（не-праву）”。如果读者竟能得出这样的印象，那是因为我主要致力于评论马克思《哥达纲领批判》中有关“资产阶级权利的狭隘眼界”的著名段落。但是，“没有资产阶级的资产阶级法”（马克思所构想的是这样一个阶段，即阶级已被消灭，只保留了按劳动成本分配的原则），当然与不带引号的资产阶级法有天壤之别，后者是剥削过程的中介因素。前者的阶级-职能特征——而且，不仅前者的阶级-职能特征，也包括我们现代苏维埃法的阶级-职能特征（现代苏维埃法对应的发展水平低于马克思在《哥达纲领批判》中所构想的发展水平）——跟本真的资产阶级法的阶级-职

① См., *Революция Право*, № 2.

能特征判然有别。只有这种非本真的资产阶级法(亦即带引号的“资产阶级法”)才谈得上消亡。资产阶级国家以其强制力所保障的法,只能通过无产阶级革命加以消灭。

我重申一遍,斯图契卡同志的巨大功绩在于,他不懈地强调苏维埃法因为起源于革命而具有的独特本性,这同如下方向的一切企图形成对照,即把我们的苏维埃法视为可见于资产阶级法秩序的某些“社会性”倾向的最充分完成。

同样,封建法的存在确是绝对无可争议的事实,它有自己特定的阶级-职能意义,和一系列主要得自特定剥削形式的特性。问题仅在于:封建法的独特性,这种法的特殊形式,是否跟商品-货币经济的不发达以及自然经济关系的统治地位挂钩?我想斯图契卡同志不会否认这种联系。相反,他在自己的著作中反复强调以下思想:例如,随着土地成为与其他商品同等的商品,以及土地所有者成为商品占有者,土地所有权也就丧失了封建特征。于是,人们不仅可从法的职能-阶级特征之革命的观点,还可从法的形式发展的观点来看待如下过渡:涉及对土地(和对人)的统治关系的封建法,过渡到涉及土地私人所有权——政治权力作为一种特殊力量与之相分离——的资产阶级法。[①] 正因此,资产阶级不仅以其新法取代封建法,而且使法律因素在社会生活中和资产阶级意识形态中取得统摄性意义。

① “由于私有制摆脱了共同体,国家获得了和市民社会并列并且在市民社会之外的独立存在;实际上国家不外是资产者为了在国内外相互保障各自的财产和利益所必然要采取的一种组织形式。”*Маркс и Энгельс о Фейербахе*, Архив, 1, стр. 251.(参见《马克思恩格斯文集》第1卷,人民出版社2009年版,第584页。——译者注)

同样不应忘记如下情况，即分工以及与之相联系的交换是早于封建秩序的现象。尽管与后续的发展阶段相比，封建制度的特征在于自然经济关系的主导地位，但在整个封建时代遍布着买卖、采取商品形式的劳动产品、一般等价物（即货币）。

因此，使经济关系成为流通关系的基本前提已然具备。

私有财产的出现——它同样先于封建制度——是分工的结果。私有财产首先表现为动产。[①]

当宗教界和世俗界的贵族的大土地占有制，开始取代氏族土地所有制和部落土地所有制而发展起来时，当封建制度在此基础上成长起来时，动产以及债法的某些萌芽便已然就位。如果我们接受研究早期封建制度的一位当红历史学家阿利丰斯·多普什（Альфонс Допш）的观点——他不认为日耳曼部落对罗马文化的破坏具有灾难性——我们就尤其必须赞同前述要点。不过，就我们的目标而言，只要有确凿的证据表明如下事情便足矣，即早期封建制度的时代存在着发达的价值形式（其可见于所谓的蛮族法典）。试回想一下，付给被杀者家属的赔偿到处都是以货币单位计算的。

至少由此可见，基于社会分工的事实且基于流通的私人所有权，不仅取代了封建物权，成为唯一且普遍的所有权形式，而且与封建物权并存，甚至先于它而存在。

所有这一切使我们有理由断定，我们在考察封建社会的法的时候，同样可以在如下两方面的特性之间建立联系：(1)当时的法

① “无论在古代或现代民族中，真正的私有制只是随着动产的出现才开始的。” *Маркс и Энгельс о Фейербахе*，Архив，1，стр. 251.（参见《马克思恩格斯文集》第1卷，人民出版社2009年版，第583页。——译者注）

的内容和职能-阶级使命;(2)[法的]形式。我们既不必为此否认封建法的存在,也不必将其转变为资产阶级法。什一税和代役租,不应与资本主义社会的剩余价值混为一谈。但如果充分理解后一范畴,我们就会(像马克思已经指明的那样)弄清封建剥削形式的意义。同样道理,批判资产阶级法上最抽象、最完备的规定,可以有助于澄清先前的形式,尽管后者在很多方面带有截然相反的特点。

两个商品占有者之间的关系,作为全部丰富的法律建构物的实在基础,本身是一种相当贫乏的抽象物。在商品占有者的意志背后隐藏着很多东西:资本家的意志、小规模商品生产者的意志以及(出卖自己唯一的商品亦即劳动力的)工人的意志。法律行为在形式上的清晰性,尚未透露其经济的和社会-阶级的内容。

斯图契卡同志指出了事情的这一方面,他的呼吁颇为在理:"在简单商品生产者的抽象社会那里停留的时间,不应超过揭露资产阶级法的抽象物之奥秘所必需的时间。一旦做到这点,我们就要回到现实,回到阶级社会。"

我们很难反对这样的呼吁。阐明法的诸形式范畴的含义,并不会使那些范畴失去形式性,因此也不会消除(染上马克思主义保护色的)法律意识形态的某种复发危险。斯图契卡同志对此发出的警告无疑是正确的。

彼得·伊万诺维奇·斯图契卡的以下说明尤其无可置疑:简单商品生产社会中的商品占有者的意志,和资本主义商品占有者的意志,是性质上不同的意志,尽管二者在买卖的法律行为中表现出相同的形式外观。一者的意志指向"商品—货币—商品"的经济公式,另一者的意志则指向"货币—商品—增殖的货币"的公式。

这种区分的全部重要性，由于最近的一次党内讨论而尤为清楚地显露出来，当时我们须与不加批判地使用“私有制经济”一词的做法展开斗争，并证明有必要严格区分私人资本主义生产和简单商品生产(即农民经济)。

最后，简单谈谈国家与法的关系。斯图契卡同志在此警告大家防范经济主义，并在我所提出的论点中，看到与此有关的某种模糊含混之处。若说本人著作的含混性是指我向经济主义让步，或者向那种以宿命论歪曲马克思社会发展学说的做法让步，那我是不能同意的。我当时在谈两件事情。首先，我警告大家莫把国家政权的现实可能性及其实际达到的结果，跟国家颁布的制定法所包含的东西混为一谈。对革命时期而言，区分此二者尤为重要。正是斯图契卡同志本人提醒我们，存在着“起作用的”制定法和“不起作用的”制定法。再者，我当时断言：社会分工和(由此而来的)作为参与交换者的经济主体的出现，这两则事实的发生均不受国家政权命令的制约。这同样似乎是无可争议的论点。而同时，这些事实包含着法关系的主要根本前提。当然，国家政权及其颁布的制定法，担当特定的法关系体系的具体中介。否认这一点，将是荒谬的。但还要更荒谬的是，在分析作为历史现象的法权调整时，把一切都化简为客观规范，化简为规则，以至于“废除”主观法，与此同时却不愿费心思考藏在该范畴背后的实际经济事实。因此，一些法学家给人留下可笑的印象，因为他们明明完全拘囿于法律意识形态(毕竟，作为客观规范发布者的公共权力的概念，乃是彻头彻尾的法律概念)，却幻想自己在往前迈进并引领我们摆脱“个体主义的和形而上学的建构物”。实际上，他们不断绕进自己那些

定义的恶性循环之中,对自己所谈的事情一头雾水。

我试图在我的著作中表明,马克思主义者不必效仿这种榜样,亦即不必通过法律化的国家(юридизированное государство)来解释法。我呼吁从这种“实证的”法理论回到马克思,他表明了以下事情的发生方式:“政治国家的建立和市民社会分解为独立的个体……是通过同一种行为实现的。”[①]

通过关注国家在创设和维护法权形式方面的全能性(具有一般约束力的制定法、司法判决的效力、对判决书的坚定执行等),实证主义法学家有意无意地遮蔽了国家那远为重要的、在法权之外的、在制定法之外的、在法律因素之外的力量,它用尽一切办法捍卫阶级统治,并超越一切法律形式。

斯图契卡同志相当正确地强调,国家政权在使一种生产方式加速过渡到另一种生产方式方面具有重要意义。但这不是我当时谈论的事情。

斯图契卡同志提出的问题远为宏阔,我们对此没有任何争议。我当时没有那种雄心壮志,但求表明如下二者之间的内在联系:(1)表现在商品形式中的社会分工;(2)所谓私法领域和所谓公法领域中的基本概念。

我相信,基于马克思主义的批判只有采取这种进路,才能完全遏制绝对化的法律教条主义的复发,经验表明,后者不可避免地变成资产阶级法律意识形态的复发。

① 语出马克思《论犹太人问题》,参见《马克思恩格斯文集》第1卷,人民出版社2009年版,第45页。——译者注

译后记

一

帕舒卡尼斯到底是何等人物,《法的一般理论与马克思主义》到底是何等著作,竟能让已达花甲之年的社会学法学派代表人物庞德(Roscoe Pound)下定决心学习俄语[20世纪30年代],[①]让新自然法学派代表人物富勒(Lon L. Fuller)在与哈特论战之时还不忘专辟数页加以讨论[20世纪60年代],[②]让意大利著名马克思主义哲学家奈格里(Antonio Negri)时隔40余年依然愿意公开重申

① 参见 Piers Beirne and Robert Sharlet eds., *Pashukanis*: *Selected Writings on Marxism and Law*, translated by Peter B. Maggs, Academic Press, 1980, "Foreword", p. xi。需要说明的是,这部英语编译文选首次译出《法的一般理论与马克思主义》的1924年俄文初版,使我们更有条件在文本比对的基础上,查明帕舒卡尼斯在20世纪20年代中期的思想变化和论述策略。该文选还收录了帕舒卡尼斯的一系列其他作品,例如《列宁与法的问题》、他为斯图契卡总主编的《国家与法的百科全书》撰写的若干词条、《苏联经济法教程》等。同样值得一提的是,编者沙勒特(Robert Sharlet)1968年的博士论文篇幅长达300余页,标题是《帕舒卡尼斯与法的商品交换论(1924年至1930年):一项关于苏联马克思主义法律思想的研究》(Pashukanis and the Commodity Exchange Theory of Law, 1924—1930: A Study in Soviet Marxist Legal Thought)。

② 参见〔美〕富勒:《法律的道德性》,郑戈译,商务印书馆2005年版,第30—33页。

自己的敬意[2016 年]?[①] 看罢本书,在我们心头大约会浮现出各自的答案。以下仅列举国外法学界的若干评论意见供读者参考,这些知名学者所属思想阵营不尽相同甚或相互对立,其中有人还被公认为马克思主义法理论的主要批评者,因此他们的总结和评价或许更能说明问题。

"在批判整个法的历史现象时,本着如此激进的唯物主义原则并且直抵问题的核心——这样的批判如若一以贯之地展开,显然必定导致极其深远的后果,(至今就连社会主义的批评者也或多或少不加质疑地采信的)许多观念将随之颠覆。虽然帕舒卡尼斯提出的全部革命性观点并不是崭新的,而是对马克思本人……表达的同样观点的恢复和重申,但这无损于手头这部著作的革命性理论意义本身。"[②]

"马克思主义法理论在短期内得到两次推进。在卡尔·伦纳的著作《私法制度及其社会功能》之后,当前这部常常与之相对立的重量级著作也问世了。马克思主义迄今仅限于将法的内容归结

① 奈格里在 2016 年 12 月决意重刊自己早年解读帕舒卡尼斯的文章(1973 年),并补写一则"后记",以澄清事情的来龙去脉,再次肯认"帕舒卡尼斯著作的伟大"及其跟西方马克思主义学术谱系的广阔联系,参见 Antonio Negri,"Rereading Pashukanis: Discussion Notes",translated from the Italian by Lorenzo Chiesa,in *Stasis*,Vol. 5,No. 2,2017,pp. 8—49。

② "Appendix: An Assessment by Karl Korsch", in Pashukanis, *The General Theory of Law & Marxism*,with a new introduction by Dragan Milovanovic,translated by Barbara Einhorn,Transaction Publishers,2002,p. 190. 西方马克思主义创始人之一、耶拿大学法学博士卡尔·柯尔施的这篇书评,发表于 1930 年的《社会主义和工人运动历史文库》(*Archiv für die Geschichte des Sozialismus und der Arbeiterbewegung*)。正由于这篇书评,帕舒卡尼斯的著作才在德语世界的马克思主义圈子里广为人知。

于统治阶级的利益，或者将法律强制归结于现存的权力关系，而帕舒卡尼斯则进一步刨根究底。他表明：法的形式本身受到经济-社会的制约，被视为永恒不变的一般法理论诸范畴乃是历史的和暂时的东西。”①

“［比斯图契卡］更为激进的‘法的商品交换论’的观点，在1924年出版的帕舒卡尼斯《法的一般理论与马克思主义》那里得到展开。该书不仅根据商品交换关系解释民法（亦即对经济生活的法律调整），还根据商品交换关系解释一般而言的法。”②

“帕舒卡尼斯的首要著作，名为《法的一般理论与马克思主义》。在这本小册子里，帕舒卡尼斯以清晰且融贯的方式，详述了对于马克思主义理论的一种精巧发展，世称‘法的商品交换论’。他的这部著作具有最纯正的马克思主义特征。它是渊博学识的产物。它所得到的结论，对多数读者而言会显得有悖常情、离奇古怪，然而在得到这些结论的过程中，它却以生僻但发人深省的视角，看待法和政府方面的那些我们习以为常的事实。翻阅这类著作，开明的学人总会受益匪浅，而不论他多么无法苟同其中的主要命题。”③

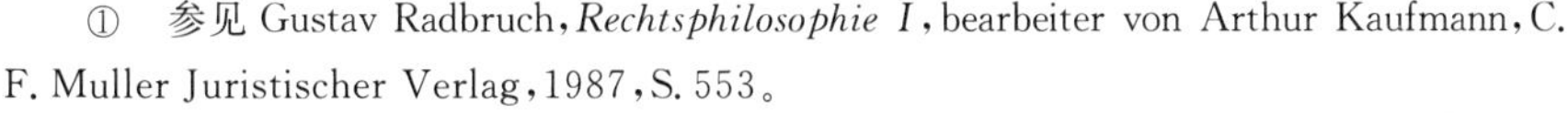

① 参见 Gustav Radbruch, *Rechtsphilosophie I*, bearbeiter von Arthur Kaufmann, C. F. Muller Juristischer Verlag, 1987, S. 553。

② Rudolf Schlesinger, *Soviet Legal Theory: Its Social Background and Development*, Kegan Paul, Trench, Trubner & Co., 1945, p. 154. 与此相关，雷磊教授提醒我们反思：“打下民法烙印的法的一般理论是否真的具有‘一般性’？或者说，它能否摆脱民法原型的预设，而真正对所有部门法学都具有说服力和解释力？”雷磊：《法的一般理论及其在中国的发展》，载《中国法学》2020年第1期，第18页。

③ Lon L. Fuller, “Pashukanis and Vyshinsky: A Study in the Development of Marxian Legal Theory”, in *Michigan Law Review*, Vol. 47, No. 8, 1949, p. 1159.

"对法的反规范论态度，在帕舒卡尼斯的学说那里达到顶峰，他是新经济政策时期的头号法理权威，其悲剧命运使其成为法律思想史上引人入胜的人物。"①

"苏联的法理论在其发展的第一阶段，以帕舒卡尼斯为最杰出的代表人物。"②

"将此类观念[即苏联法哲学界在1917年之后20年间的流行论点]发展为一套具有实质性思想内容的法理论，这项任务留待一位苏联学者完成，他就是帕舒卡尼斯。帕舒卡尼斯成长为苏联法律发展中的领军人物，而且在西欧同样享有崇高声望。……他声称要比迄今为止的任何马克思主义者都更深地探入法的本性。"③

"在1917年至1937年间，亦即俄罗斯历史上那段具有高度创造力的、激荡人心的时期，帕舒卡尼斯正处于舞台的中央。在发展一套不落窠臼的、将对法社会学产生长期显著影响的马克思主义观点方面，他大概算是首屈一指的人物。"④

① Edgar Bodenheimer, "The Impasse of Soviet Legal Philosophy", in *Cornell Law Quarterly*, Vol. 38, Issue 1, 1952, p. 56.

② Hans Kelsen, *The Communist Theory of Law*, Frederick A. Praeger, Inc., 1955, p. 89. 依凯尔森之见，这里所谓"第一阶段"大约是指1936年之前。

③ 参见 Harold J. Berman, *Justice in the U. S. S. R.: An Interpretation of Soviet Law*, revised edition, Harvard University Press, 1963, pp. 26—28。澳大利亚学者黑德(Michael Head)把这里的最后一句话，作为自己2008年著作第一章的楔子，参见〔澳〕迈克尔·黑德：《叶夫根尼·帕舒卡尼斯：一个批判性的再评价》，刘蔚铭译，法律出版社2012年版，第1页。

④ Evgeny Bronislavovich Pashukanis, *The General Theory of Law & Marxism*, with a new introduction by Dragan Milovanovic, translated by Barbara Einhorn, Transaction Publishers, 2002, p. vii.

“帕舒卡尼斯向来是唯一在苏联之外获得学界充分认可的苏联马克思主义法哲学家。”①

下面再来看看我国法学界是如何谈论帕舒卡尼斯的：

“其学术意义并未消逝，仍可资今日法学界参考之用，特别是试图开出社会主义法学之一脉……若循本书之内在理路而深入阅读，则有助于考察20世纪初叶马克思主义学说对德国新康德主义法学与新黑格尔主义法学之后的法学思潮的影响，及其传入苏俄的历史轨迹。若将本书内容与苏联社会与法学界当时风气、思潮的语境加以对照，则可以见到苏联前期法学与法制发展历程的某些面向。”②

“虽然帕舒卡尼斯的法律理论有着若干缺陷，但自从马克思对法律展开批判以来，帕舒卡尼斯为我们提供了最令人兴奋的理论贡献。帕舒卡尼斯的理论深刻地挖掘了经济关系与法律形式之间的关系，并对马克思主义指导下的法律社会学理论进行了艰苦的探索。”③

“由于众所周知的历史原因，帕舒卡尼斯的学说长期以来被排斥在所谓正统的马克思主义法学理论之外，并由此不为我们熟知，甚至受到了许多误解。……帕舒卡尼斯在其个人受到不公正的政治清算前，在某种意义上代表了马克思主义理论对法律现象进行

---

① Piers Beirne ed., *Revolution in Law: Contributions to the Development of Soviet Legal Theory, 1917—1938*, Routledge, 2015, p. 17.

② 〔苏联〕帕舒卡尼斯：《法的一般理论与马克思主义》，杨昂、张玲玉译，中国法制出版社2008年版，“中文版译序”第3页。

③ 孙文恺：《作为形式的法律：帕舒卡尼斯的法律理论述评》，载《江海学刊》2009年第5期，第233页。

研究所达到的最高水平，而其也曾作为苏联最重要的马克思主义法学理论阐释者而受到广泛的尊重。”①

“苏联最具影响力和国际声誉的马克思主义法学家叶夫根尼·帕舒卡尼斯的代表作《法的一般理论与马克思主义》，被誉为20世纪法理学史上的经典名著。……自20世纪70年代以来，随着马克思主义法学分析的发展，该著作不断再版，受到国际学术界的广泛关注，被当代西方学术界认为是马克思主义法学领域最重要的著作。”②

“他[帕舒卡尼斯]的法律理论植根于马克思在《资本论》中提出的商品理论。帕氏认为马克思分析商品生产和商品交换的政治经济学方法可以毫无保留地运用于法律理论。……帕舒卡尼斯的法律消亡论是他的商品交换理论的逻辑结论。”③

当然，来自他人的赞誉(以及同样常见的是，批评、责难甚至诋毁)，永远不能代替我们自己的阅读和判断。严肃的梳理、审慎的甄别和清醒的反思，尤为适用于帕舒卡尼斯这样有争议的人物所留下的智识遗产。我们或许不认同他的某些主张和分析，但他毕竟在以我们熟悉的话语体系开掘我们熟悉的经典文本，从而代表着一种我们无法轻言绕开的理论模式。我们可从多方面解释他的错谬和误判，但它们归根结底源自时代物质生活的局限。

---

① 参见林海：《“法律消亡”与“法律连续性”的理论关联——论富勒支持帕舒卡尼斯的原由及其限度》，载《南京大学法律评论》2012年秋季卷，第4页。

② 王雅琴：《叶夫根尼·帕舒卡尼斯法律理论再认识——评〈法的一般理论与马克思主义〉》，载《国外理论动态》2014年第12期，第115页。

③ 邱昭继：《法律消亡论的概念分析》，载《浙江社会科学》2015年第1期，第45页。

二

就《法的一般理论与马克思主义》的版本问题略作说明，在此或许是恰当的。帕舒卡尼斯在旅居柏林期间，即已着手撰写该书的部分章节。该书在他生前共推出三个俄文版：1924 年第一版、1926 年第二版和 1927 年第三版，其中，第二版对第一版做了实质性的修订，第三版仅在边边角角有所调整。1929 年，该书由埃迪特·哈约什(Edith Hajós)译成德文在柏林和维也纳出版，[①]翻译底本是俄文第三版，配有帕舒卡尼斯的亲笔序言。在此后的 20 余年间，由于俄语的普及度有限，也由于德语法学构成帕舒卡尼斯的首要思想来源，西方学界主要借助哈约什德译本理解帕舒卡尼斯的思想(对德语学界而言，这一过程甚至延续至今)，例如，富勒的论文《帕舒卡尼斯和维辛斯基》(1945 年)和庞德的五卷本《法理学》(1959 年)就将其作为讨论的文本基础。[②]

① Eugen Paschukanis, *Allgemeine Rechtslehre und Marxismus. Versuch einer Kritik der juristischen Grundbegriffe*, Verlag für Literatur und Politik, 1929. 这个译本至少到 2017 年还在重印，并且配有格鲁贝尔(Alex Gruber)和奥芬鲍尔(Tobias Ofenbauer)撰写的导言，以及瓦洛什克(Tanja Walloschke)提供的帕舒卡尼斯生平简介。据我所知，维也纳大学的奥伯迈尔(Mag. Linda Lilith Obermayr)在 2019 年 5 月提交的学位论文开题报告中表示，她打算在 2017 年重刊本的基础上，撰写暂定标题为《作为批判的马克思主义法理论和马克思主义法理论批判：帕舒卡尼斯与凯尔森之争》(Marxistische Rechtstheorie als Kritik—Kritik marxistischer Rechtstheorie. Eine Auseinandersetzung zwischen Eugen Paschukanis und Hans Kelsen)的博士论文。

② 参见 Roscoe Pound, *Jurisprudence*, Volume I, West Publishing Co., 1959, pp. 254—257; Lon L. Fuller, "Pashukanis and Vyshinsky", p. 1159。

1951年,哈泽德(J. Hazard)主编、巴布(H. Babb)翻译的《苏联法哲学》(*Soviet Legal Philosophy*)正式出版,[①]作为"20世纪法哲学丛书"(Twentieth Century Legal Philosophy Series)里面的一种,[②]其中收录了《法的一般理论与马克思主义》(另外还有与之

① 参见J. Hazard ed., *Soviet Legal Philosophy*, translated by H. Babb, Harvard University Press, 1951, pp. 111—225。

② 作为上世纪初策划翻译的《现代法哲学丛书(Modern Legal Philosophy Series)》的续编,《20世纪法哲学丛书》同样大大拓展了英语世界的法哲学知识版图。前一套丛书依次包括:(1)加赖斯(Karl Gareis)的《法律科学》(*The Science of Law*);(2)伯罗茨海默(Fritz Berolzheimer)的《世界法哲学纵览》(*The World's Legal Philosophies*),该书是其五卷本代表作《法哲学与经济哲学体系》(*System der Rechts- und Wirtschaftsphilosophie*)的第二卷;(3)密拉格利亚(Luigi Miraglia)的《比较法律哲学》(*Comparative Legal Philosophy Applied to Legal Institutions*),该书有一个民国时期的中译本,参见〔意〕密拉格利亚:《比较法律哲学》,朱敏章等译,李秀清勘校,中国政法大学出版社2005年版;(4)科尔库诺夫(N. M. Korkunov)的《法的一般理论》(*General Theory of Law*);(5)耶林的《法律作为实现目的之手段》(*Law as a Means to an End*),该书即《法律中的目的》(*Der Zweck im Recht*)第一卷(《目的概念》)的英译本;(6)《现代法国法哲学》(*Modern French Legal Philosophy*),该书是富耶(A. Fouillée)、沙尔蒙(J. Charmont)、狄骥、德莫格(R. Demogue)的著作合集;(7)施塔姆勒的《正义论》(*The Theory of Justice*),英译者胡希克(Isaac Husik)对"Die Lehre von dem richtigen Rechte"这一书名的翻译广受诟病,以之为基础的中译本参见〔德〕施塔姆勒:《正义法的理论》,夏彦才译,商务印书馆2016年版;(8)主题编译文集《法律方法论》(*The Science of Legal Method*),该书是惹尼(François Gény)、埃利希、格梅林(Johann Georg Gmelin)、伯罗茨海默、乌尔策尔(Karl Georg Wurzel)、庞德、阿尔瓦雷斯(Alexandre Alvarez)、弗罗因德(Ernst Freund)等人的著作合集,我曾译出其中第十一章,参见〔智利〕阿尔瓦雷斯:《私法教学改革与未来的民法典编纂》,载《苏州大学学报(法学版)》2016年第2期;(9)德尔韦基奥(G. Del Vecchio)的《法的形式基础》(*The Formal Basis of Law*);(10)柯勒(Josef Kohler)的《法哲学》(*Philosophy of Law*);(11)图尔图隆的(P. de Tourtoulon)《法律发展中的哲学》(*Philosophy in the Development of Law*);(12)主题编译文集《法律制度的理性基础》(*Rational Basis of Legal Institutions*)。后一套丛书依次包括:(1)凯尔森的《法与国家的一般理论》,相应中译本参见〔奥〕凯尔森:《法与国家的一般理论》,沈宗灵译,商务印书馆2013年版;(2)《利

密切相关的列宁、斯图契卡、莱斯涅尔等人的著作)。这是该书的首个英译本,同样译自俄文第三版,尽管翻译质量不甚理想,它还是大大推动了帕舒卡尼斯学说在英语世界的传播。1978 年,艾因霍恩(Barbara Einhorn)从 1967 年德译本——该底本的主体内容影印自 1929 年德译本,另附有柯尔施(Karl Korsch)的评论——转译此书,[①]并在翻译过程中参考了 1970 年布罗姆(Jean-Marie Brohm)的法译本[②]和前述的巴布英译本。由此形成的这个

益法学》(*The Jurisprudence of Interests*),该书是吕梅林(Max Rümelin)、黑克(Philipp Heck)、厄尔特曼(Paul Oertmann)、施托尔(Heinrich Stoll)、宾德尔(Julius Binder)、伊赛(Hermann Isay)的著作合集;(3)《拉丁美洲法哲学》(*Latin-American Legal Philosophy*),该书是西切斯(Luis Recaséns Siches)、科西奥(Carlos Cossio)、阿塞韦多(Juan Llambías de Azevedo)、迈内兹(Eduardo García Máynez)的著作合集;(4)《拉斯克、拉德布鲁赫和达班的法哲学》(*The Legal Philosophies of Lask, Radbruch, and Dabin*),其中收录的拉德布鲁赫著作已有译自德文的中译本,参见〔德〕拉德布鲁赫:《法哲学》,王朴译,法律出版社 2005 年版;(5)哈泽德主编的《苏联法哲学》;(6)韦伯的《论经济与社会中的法律》(该书主要是对《经济与社会》的摘译),对应中译本参见〔德〕韦伯:《论经济与社会中的法律》,张乃根译,中国大百科全书出版社 1998 年版;(7)彼得拉日茨基(Leon Petrazycki)的《法与道德》(*Law and Morality*),该书仅摘译了作者两部代表作(合计上千页篇幅)的五分之一内容;(8)《法国制度论者》(*The French Institutionalists*),该书是奥里乌(Maurice Hauriou)、勒纳尔(Georges Renard)、德洛斯(Joseph T. Delos)的著作合集。以上经典著作大多尚无(完整)中译本,实为憾事,所幸据我了解某些文献已进入翻译计划。

① Evgeny B. Pashukanis, *Law and Marxism: A General Theory*, edited and introduced by Chris Arthur, translated by Barbara Einhorn, Ink Links, 1978. 该译本后来再版时更名为"*The General Theory of Law & Marxism*"。

② Evgeny B. Pašukanis, *La Théorie générale du droit et le marxisme*, presente par Jean-Marie Vincent, traduit par Jean-Marie Brohm, Etudes et Documentation Intemationales, 1970. 这方面的参阅可以解释英译本跟德译本之间的细微出入。

新英译本广为称引，[1]并且数次再版。艾因霍恩英译本与哈约什德译本一道，构成本书首个中译本（即杨昂、张玲玉的合译本，中国法制出版社 2008 年版）的底本。

三

我们不揣冒昧地摆在读者面前的这个全新中译本，译自俄文第三版。不消说，现有的英译本、德译本和中译本，均为我们时时参阅的宝贵资料。除个别情况之外，文中的“[ ]”里面均为译者增补的内容。在这里我想说，人生是很讲机缘的。假如我的合作者丁文慧不具备俄语背景或不到南师求学，假如没有她所做的大量辅助的、铺垫的工作，假如不存在一日千里的信息技术和浩如烟海的文献积累，我无论对帕舒卡尼斯再怎么心驰神往，也不会萌生重译本书的念头。为防范拖延症对翻译工作的侵袭，继卡特的《成文法和不成文法的范围》[2]、耶格尔的《法颂：法哲学的起源与希腊人》[3]、卢格的《黑格尔法哲学与我们时代的政治》[4]、弗兰克的《三

① 抛开长长短短的期刊论文或书评不谈，我们这里就说说博士学位论文。例如，纽约州立大学布法罗分校的阿克斯（Susan von Arx）即主要以艾因霍恩译本为基础，在 1997 年写出接近 300 页的博士论文《帕舒卡尼斯〈法的一般理论与马克思主义〉之探析》（An Examination of E. B. Pashukanis's *General Theory of Law and Marxism*）。

② 译文已发表，参见〔美〕卡特：《成文法和不成文法的范围》，姚远译，载《民间法》第 21 卷，厦门大学出版社 2018 年版。

③ 译文已发表，参见〔德〕耶格尔：《法颂：法哲学的起源与希腊人》，姚远译，载《山东社会科学》2020 年第 12 期。

④ 译文已发表，参见〔德〕卢格：《黑格尔法哲学与我们时代的政治》，姚远译，载《当代国外马克思主义评论》第 16 辑，人民出版社 2018 年版。

维度的法律思维》[①]、庞德的《何谓良好的法学教育》[②]之后，我也将本书设为四海法学编译馆研讨班的学期主讲文本（2019 年秋季学期），[③]算是一种敦促和鞭策吧。

我们的翻译“探险”历时两年，道阻且长，好在到处都有不期而遇的风景。一方面，我们慢着步子、紧着工夫，靠信念的支撑咬牙坚持；另一方面，各路师友的鼎力相助同样不可或缺。我首先谨向姚丰瑞、刘秋岑、张桂娜这三位同志深致谢忱，她们始终不厌其烦地答复我的疑问，从未拒绝我的（哪怕是夜深人静时的）叨扰。此外，李旭、马寅卯、於海梅、李科政、师庭雄、黄钰洲、王海军、陈庆、刘涛、金鑫、杨丹旻、谢婉怡、王彦强、徐歌旋、陈巍、赵静、邹诗鹏、鲁克俭、赵玉兰、吴静、陈浩、谢静、周阳、周维明、李靖新弘、彼得·马格斯等同志为我提供了这样或那样的无私帮助，我的学生周庭宇、侯安诺、陈晨、王雅静对全书初译稿提出了宝贵的修改意见，朱静芬女士的悉心编辑工作亦令本书多有增色，这一切都是翻译工作得以顺利推进的重要保证，在此一并鸣谢。承蒙学界同仁的提携，本书有三部分内容在先前得以发表：导论刊载于《民法哲学》第 6 辑（周清林主编，法律出版社 2020 年版），第三章刊载于《法律方法》第 29 卷（陈金钊、谢晖主编，戴津伟执行主编，研究出版社 2020 年版），附录二刊载于《当代国外马克思主义评论》第 21 辑

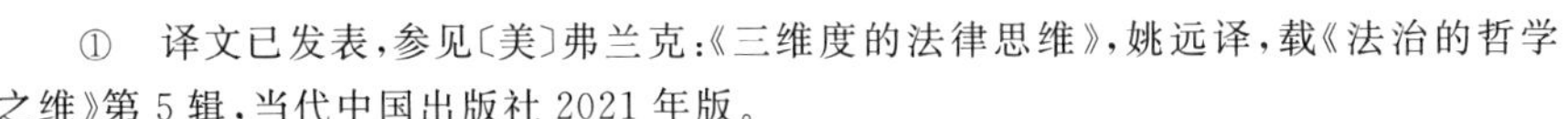

① 译文已发表，参见〔美〕弗兰克：《三维度的法律思维》，姚远译，载《法治的哲学之维》第 5 辑，当代中国出版社 2021 年版。

② 译文已发表，参见〔美〕庞德：《何谓良好的法学教育》，姚远、俞雪雷译，载《法律和政治科学》第 1 辑，社会科学文献出版社 2019 年版。

③ 感谢南京师范大学强化培养学院“鸿声读书坊”为我们的帕舒卡尼斯研讨班提供场地支持。

(复旦大学当代国外马克思主义研究中心编,上海三联书店2020年版)。这些译文收入本书时,均经过修订。

为便利大家的阅读和使用,我决意把书中的非俄裔人名(文献出处信息除外)改回读者更加熟悉的拉丁字母拼写形式,把正文中涉及出处信息的夹注一律移入脚注,核查马克思主义经典作家引文在权威中译本里的出处(依出版社要求,所引中央编译局译文不做改动),将德语和英语法学家引文的原始表述同帕舒卡尼斯提供的俄译文仔细对勘,并以译者注的形式呈现其间的差别。添加译者注的工作费时费力,所幸前辈译者留下许多有用的线索。出于同样的考虑,我决意将《德文版序言》(1929年)和《马克思主义法理论与社会主义建设》(1927年)收作本书附录。[①] 这两篇文章进一步澄清了本书的创作背景、思想资源和理论意图,使读者有可能避免某些流行的误解。

还需要说明的是,为呈现帕舒卡尼斯措辞上的微妙差别,我根据语境和翻译传统,将(包括作为复合名词成分的)"право"译成"法"(偶尔译成"权利"),将其复数形态一律译成"权利",将"закон"一律译成"制定法",将形容词"юридический"译成"法律(的)"或"法学(的)",将形容词"правовой"译成"法权(的)"或"权利(的)",将"мораль"(其对应形容词是"моральный")译成"道德",将"этика"(其对应形容词是"этический")译成"伦理",将

① 翻译后者的最初契机,是邱昭继教授代表《马克思主义与法律学刊》的约稿。

“нравственность”（其对应形容词是“нравственный”）译成“伦理生活”，[①]将“человек”译成“人”，将“лицо”译成“个人”或“人”（我曾考虑译成“人格者”或“人格体”，但最终放弃），将“личность”译成“人格”，将“индивидуум”译成“个体”（相应地，“индивидуализм”即“个体主义”），将“функция”译成“功能”或“职能”，将“юриспруденция”和“Jurisprudenz”译成“法律学”，将与之相对的“наука о праве”和“Rechtswissenschaft”译成“法科学”。凡此种种或许有时显得别扭的处理，旨在帮助读者更加方便地追踪关键词。

本书的顺利翻译出版，离不开南京师范大学法学院、中国法治现代化研究院、江苏高校区域法治发展协同创新中心、南京师范大学人权研究中心的资助，以及国家“2011 计划”·司法文明协同创新中心、西南政法大学马克思主义法学经典文献及其当代价值创新研究团队、同济大学法学院法哲学研究中心等校外单位的支持。一切过往，皆为序章。愿我们当下借助翻译而推进的国外马克思主义知识引进运动，能为朝气蓬勃的中国特色社会主义法治事业和法学研究略尽绵薄之力。

姚　远

2022 年 4 月于四海法学编译馆

① 这里我参考了黑格尔《法哲学原理》的英译本和俄译本。学界将作为“нравственность”对应德文词的“Sittlichkeit”处理为“ethical life”，它代表着人类社会生活的某些结构、制度和方式，是比单纯的主观道德反思更高的东西。诚然，原词并不包含“生活”（жизнь 或 Leben）这个词，但“生活”是其题中之意。

图书在版编目(CIP)数据

法的一般理论与马克思主义/(苏)帕舒卡尼斯著;姚远,丁文慧译.—北京:商务印书馆,2024
(汉译世界学术名著丛书:120年纪念版:珍藏本:增订本)
ISBN 978-7-100-23742-0

Ⅰ.①法… Ⅱ.①帕…②姚…③丁… Ⅲ.①马克思主义哲学—法哲学—研究 Ⅳ.①A811.64

中国国家版本馆CIP数据核字(2024)第077605号

汉译世界学术名著丛书
(120年纪念版·珍藏本·增订本)
法的一般理论与马克思主义
〔苏联〕帕舒卡尼斯 著
姚远 丁文慧 译

商 务 印 书 馆 出 版
(北京王府井大街36号 邮政编码100710)
商 务 印 书 馆 发 行
北京市十月印刷有限公司印刷
ISBN 978-7-100-23742-0

2024年5月第1版 开本710×1000 1/16
2024年5月北京第1次印刷 印张12
定价:65.00元